HOJAS LITERARIAS

= 1 =

Mary Plevich
Rutgers University

Celia S. Lichtman
Long Island University

D. VAN NOSTRAND COMPANY
New York Cincinnati Toronto London Melbourne

D. Van Nostrand Company Regional Offices:
New York   Cincinnati   Chicago   Milbrae   Dallas

D. Van Nostrand Company International Offices:
London   Toronto   Melbourne

Copyright © 1972 by Litton Educational Publishing, Inc.

LIBRARY OF CONGRESS CATALOG CARD NUMBER: 73-162412

ISBN: 0-442-23301-9

All rights reserved. No part of this work covered by the copyright hereon may be reproduced or used in any form or by any means—graphic, electronic, or mechanical, including photocopying, recording, taping, or information storage and retrieval systems—without written permission of the publisher. Manufactured in the United States of America.

Published by D. Van Nostrand Company
450 West 33rd Street, New York, N.Y. 10001

Published simultaneously in Canada by
Van Nostrand Reinhold Ltd.

10 9 8 7 6 5 4 3

Text and cover design by Morris Karol.

ACKNOWLEDGMENTS

Grateful acknowledgment is made to the following publishers and individuals for permission to reprint material which is in copyright or of which they are the publishers or copyright owners:

Aguilar, S.A. de Ediciones, Madrid, for "Cuento de la liebre y del león," from *Libro de Calila y Dimna*, in *Cuentos viejos de la vieja España*.

Espasa-Calpe, S.A., for the poem "Los dos conejos," from Tomás de Iriarte's *Poesías*, in collection Clásicos castellanos, no. 136 (Madrid, 1963), pp. 18–19.

Aguilar, S.A. de Ediciones, Madrid, for "Cuento del papagayo chismoso y de la pícara mujer," from *El Sendebar*, in *Cuentos viejos de la vieja España*.

Emecé Editores, for Jorge Luis Borges' story "Los dos reyes y los dos laberintos." De *El Aleph*, Buenos Aires, Emecé, 1965.

Las Américas Publishing Company, New York, for the poem "Cultivo una rosa blanca," from José Martí's *Versos*.

Francisco H.-Pinzón Jiménez, for the chapter "La carretilla," from Juan Ramón Jiménez's *Platero y yo*.

Claudia Q. de Martínez, for Modesto Martínez's story "El orto lunar."

New Directions Publishing Corporation, New York, for Luis Palés Matos' poem "Claro de luna." AN ANTHOLOGY OF CONTEMPORARY LATIN-AMERICAN POETRY. Edited by Dudley Fitts. Copyright 1942, 1947 by New Directions. Reprinted by permission of New Directions Publishing Corporation.

Afrodisio Aguado, S.A., Madrid, for the story "El dinero llama al dinero," from Azorín's *Cuentos*, in collection Clásicos y maestros.

Espasa-Calpe, S.A., for an excerpt of the poem "Ejemplo de la propiedad que el dinero ha," from Juan Ruiz's *Libro de buen amor*, in collection Clásicos castellanos, no. 14 (Madrid, 1951), p. 180.

Jorge Campos, for his story "El cuento de la lechera."

Ediciones Destino, S.L., Barcelona, for the story "Don Payasito," from Ana María Matute's *Historias de la Artámila*.

Manuel Alvarez de Lama, for the poem "Parábola I" from "Parábolas" in Antonio Machado's *Campos de Castilla*.

José I. Vasconcelos, for José Vasconcelos' story "El gallo giro."

New Directions Publishing Corporation, New York, for the poem "Sorpresa." Federico García Lorca, OBRAS COMPLETAS. © Aguilar, S.A. de Ediciones. Reprinted by permission of New Directions Publishing Corporation, Agents for the Estate of the author.

PREFACE

HOJAS LITERARIAS is a series of three volumes of Spanish and Latin American prose and poetry arranged in order of difficulty for the second and subsequent semesters of language study. The aim of the series is to introduce the student of Spanish at an early level to texts that are intellectually stimulating and interesting. It is our belief that as soon as a student has learned the basic elements of Spanish, he is ready to begin reading significant literature by Hispanic writers.

The determining factors in the choice of readings were the beginning student's limited knowledge of vocabulary and grammar, relative simplicity, manageable length for presentation in complete form, and serious literary merit.

The selections are in their original texts except for modern spelling and accentuation. Each prose reading is preceded by a short introduction in Spanish giving the highlights of the author's literary contribution. The selection is followed by a poem which reflects its subject or mood.

Questions in Spanish follow the prose readings and focus on central ideas. The large number of questions provided—more than can normally be used in some classes—serves a double purpose. They are a guide for intensive analysis of the story, and they permit variation by the instructor, who may assign all the questions or any combination of them for written and/or oral work at home and in class.

On-page notes explain or define words, verb forms, and idioms beyond the scope of Group I in *Keniston's Standard List of Spanish Words & Idioms*.

M. P.
C. S. L.

CONTENIDO

Libro de Calila y Dimna   1
    Cuento de la liebre y del león

Tomás de Iriarte   5
    Los dos conejos

El Sendebar   7
    Cuento del papagayo chismoso y de la pícara mujer

Francisco Martínez de la Rosa   10
    El apólogo o fábula

Jorge Luis Borges   11
    Los dos reyes y los dos laberintos

José Martí   14
    Cultivo una rosa blanca

Juan Ramón Jiménez   15
    La carretilla

A los verdes prados . . .   18

Roberto J. Payró   19
    Celos

Miguel de Cervantes   23
    Bailan las gitanas

Modesto Martínez   24
    El orto lunar

Luis Palés Matos   30
    Claro de luna

Azorín   32
    El dinero llama al dinero

Juan Ruiz   39
    Ejemplo de la propiedad que el dinero ha

Jorge Campos   40
    El cuento de la lechera

Félix María Samaniego   46
    La lechera

Ana María Matute   49
    Don Payasito

Antonio Machado 57
    Parábola I

José Vasconcelos 59
    El gallo giro

Federico García Lorca 68
    Sorpresa

Vocabulario 69

LIBRO DE CALILA Y DIMNA

De origen indio, el Libro de Calila y Dimna *es una de las más extensas y originales colecciones de cuentos o apólogos orientales, como las* Mil y una noches. *Fue traducido al árabe en el año 750 y al español hacia 1261.*

Cuento de la liebre y del león

Dijo Dimna:

—Dicen que un león estaba en una tierra muy fértil, en la que abundaban las bestias salvajes y el agua y los pastos. Y las bestias que estaban en esta tierra estaban muy asustadas por el miedo que tenían al león. Y se reunieron todas las bestias y tomaron la resolución de ir a donde moraba el león y decirle:

—Tú no puedes devorarnos conforme quieras, a menos de pasar fatigas en la caza. Nosotros venimos a proponerte un medio de que tú comas sin esfuerzo, y, a cambio de ello, nos dejes a las demás bestias en paz.

cuento *story*
liebre *hare*
3 salvajes *wild*
pastos *pasture lands*
4 asustadas *frightened*
por el miedo que tenían al león *because of their fear of the lion*
5 se reunieron *they got together*
6 moraba *was living*
7 conforme quieras *whenever you like*
7 a menos de pasar fatigas *except by enduring many hardships*
8 caza *hunt*
proponerte *propose to you*
un medio de que *a means by which*
9 sin esfuerzo *without effort*
a cambio de ello *in exchange for it*
las demás *the rest of*
10 paz *peace*

1

Dijo el león:

—¿Y cuál es ese medio?

Dijeron las bestias:

—Haremos contigo un trato. Te daremos cada día un animalillo para que te lo comas tranquilamente. Tú, a cambio, nos prometerás dejarnos en paz día y noche.

Al león le gustó el trato y lo aceptó. Y aconteció una vez que una liebre, a la que llevaban inerme para que se la merendase el león, dijo a las otras bestias:

—Si me quisierais escuchar, os diría algo que redundaría en provecho vuestro, que os libraría del miedo al león y que me libraría a mí de la muerte.

Y le contestaron:

—¿Y qué quieres que hagamos?

Y dijo la liebre:

—Mandad a quien me lleve que vaya muy despacio, de manera que no llegue a presencia del león hasta que ya esté muy pasada su hora de comer.

Y así lo hicieron. Y cuando llegaron cerca de donde estaba el rey de la selva, se adelantó sola la liebre y llegóse hasta el león, que estaba terriblemente enojado. Y cuando vio la liebre rugió el encolerizado león:

—¿De dónde vienes y dónde están las bestias, y por qué no han cumplido el pleito que aprobaron conmigo?

---

4 trato *agreement, deal*
animalillo *small animal*
5 prometerás *will promise*
7 aconteció *it happened*
8 inerme *defenseless*
para que se la merendase el león *so that the lion might make a light lunch of it*
10 que redundaría en provecho vuestro *which would result to your advantage*
12 libraría *would free*
16 Mandad a quien me lleve *Order the one who is carrying me*

16 despacio *slowly*
17 hasta que ... de comer *until it is well past his time to eat*
20 rey de la selva *king of the jungle*
se adelantó *came forward*
llegóse hasta *went up to (archaic for se llegó hasta)*
21 enojado *angry*
rugió *roared*
22 encolerizado *furious*
23 no han cumplido el pleito *have they not fulfilled the pact*
24 aprobaron *agreed upon*

Y díjole la liebre:

—¡Oh, señor! No nos recriminéis... Yo era la encargada de traeros otra liebre para que os sirviera de almuerzo. Pero en el camino me he topado con otro león, el cual, al saber que la tal liebre os era traída, me la arrebató, diciéndome que mucho más digno era él de la liebre que vos. Yo le repliqué que hacía muy mal porque la vianda sabrosa era para vos, que sois el rey de la selva, y que mi consejo era que desistiese si no quería arriesgarse a despertar vuestra cólera. Mas él no me hizo caso y, además, os insultó cuanto quiso y dijo que le importaba muy poco luchar con vos, a pesar de ser vos el rey.

Oído lo cual, el león, iracundo, dijo a la liebre:

—Ven conmigo, y llévame hasta ese león que dices.

Y la liebre lo llevó hasta un pozo muy hondo, de muy clara agua, y díjole:

—Este es el lugar de que os hablé. Aupadme, y os mostraré a vuestro enemigo.

Y cuando el león la aupó, contempló en el fondo del pozo su imagen y la de la liebre, y creyó que era el otro león con la presa que le estaba destinada a él. Y, rabioso, se lanzó al pozo para luchar con su inexistente enemigo, y se ahogó. Y regresó la liebre

2 No nos recriminéis *do not recriminate us* (*In old Spanish the vosotros form was quite often used when referring to one person.*)
la encargada de *the one in charge of*
3 almuerzo *lunch*
4 me he topado con *I ran into*
la tal liebre os era traída *that hare was being brought to you*
5 me la arrebató *seized it from me*
6 digno *worthy*
vos *you* (*archaic*)
repliqué *replied*
7 vianda sabrosa *delicious meal*
8 consejo *advice*
que desistiese *that he should desist*
arriesgarse... cólera *to take the risk of arousing your anger*

9 no me hizo caso *he did not pay attention to me*
10 cuanto quiso *all that he wished*
luchar *to fight*
11 a pesar de *in spite of*
12 Oído lo cual *Having heard that*
iracundo *irate*
14 pozo *well*
hondo *deep*
16 Aupadme *Help me up*
17 enemigo *enemy*
18 contempló en el fondo *he saw in the bottom*
19 imagen *image*
presa *booty*
20 rabioso *enraged*
se lanzó *threw himself*
21 se ahogó *drowned*
regresó *he returned*

a donde le esperaban las demás bestias, y contándoles lo sucedido¹ las libró de su constante miedo para siempre.

1 lo sucedido *what had happened*

PREGUNTAS

1. ¿A quién tenían miedo las bestias?
2. ¿Qué trato hizo el león con las bestias?
3. ¿A quién llevaban para que se la merendase el león?
4. ¿Qué les dijo a las bestias la liebre?
5. ¿Cómo estaba el león cuando se adelantó la liebre?
6. ¿Qué historia le contó al león la liebre?
7. ¿Adónde le llevó la liebre?
8. ¿Qué creyó el león cuando miró en el fondo del pozo?
9. ¿Qué le pasó al león?
10. ¿De qué libró a las bestias la liebre?

TOMAS DE IRIARTE

(*España, 1750–1791*)

Los dos conejos

    Por entre unas matas,
    seguido de perros
    (no diré corría),
    volaba un Conejo.
5   De su madriguera,
    salió un compañero,
    y le dijo: «—Tente,
    amigo; ¿qué es esto?
    «—¿Qué ha de ser? —responde—;
10 sin alientos llego...
    dos pícaros galgos
    me vienen siguiendo.
    «—Sí —replica el otro—,
    por allí los veo...
15 Pero no son galgos.
    —¿Pues qué son? —Podencos.

---

conejos *rabbits*
1 matas *groves*
2 seguido de perros *followed by dogs*
3 corría *he ran*
4 volaba *was flying*
5 madriguera *burrow*
7 Tente *Stop*
9 ¿Qué ha de ser? *What do you suppose it is?*
10 sin alientos *out of breath*
11 pícaros galgos *roguish greyhounds*
13 replica *answers*
16 Podencos *Hounds*

«—¿Qué? ¿Podencos dices?
Sí, como mi abuelo.
Galgos y muy galgos,
20   bien vistos los tengo.
«—Son podencos: vaya,
que no entiendes de eso.
—Son galgos te digo.
—Digo que podencos.»
25   En esta disputa,
llegando los perros,
pillan descuidados
a mis dos Conejos.
Los que por cuestiones
30   de poco momento
dejan lo que importa,
llévense este ejemplo.

18 abuelo   *grandfather*
19 Galgos y muy galgos   *Greyhounds and very obviously greyhounds*
21 vaya   *go on*
27 pillan   *they catch*
27 descuidados   *careless, unaware*
30 de poco momento   *of little importance*
31 lo que importa   *what matters*

EL SENDEBAR

De origen indio, este libro de cuentos fue mandado traducir por el hermano de Alfonso X, el infante don Fadrique, en 1253 con el título Libro de los engaños y los asayamientos de las mujeres.

Cuento del papagayo chismoso y de la pícara mujer

Vivía en una ciudad un hombre que estaba muy celoso de su mujer. Y compró un papagayo, lo metió en una jaula y púsolo en la mejor estancia de la casa, mandándole que observase a su mujer, mientras él estaba ausente, y que le contase todo sin
5 encubrirle la cosa más insignificante. Un día, apenas el marido se fue a sus quehaceres, entró el amigo de la mujer; y el papagayo vio cuanto hicieron los amantes. Cuando regresó el marido, se llevó al papagayo y le pidió que le contase qué había hecho su mujer mientras él estuvo ausente. Y el papagayo le contó ce por
10 be cuanto había sorprendido entre los amantes. Y el hombre

    papagayo chismoso *gossipy parrot*
    pícara mujer *roguish wife*
 1 estaba muy celoso de *was very jealous of*
 2 jaula *cage*
    púsolo *archaic for* lo puso
 3 estancia *room*
    observase *that he watch*
 4 sin encubrirle *without hiding from him*
 5 apenas el marido... quehaceres *scarcely had the husband left for his chores*
 7 cuanto *all that*
    amantes *lovers*
    regresó *he returned*
    se llevó *he took*
 9 ce por be *everything from A to Z*
10 sorprendido *discovered*

8 · EL SENDEBAR

bueno se encolerizó contra su mujer y la echó del hogar. Creyó ésta que el lance se había sabido por la criada, y la llamó y le dijo:

—Tú dijiste a mi esposo todo cuanto yo hice.

5 Y la criada juró que ella era incapaz de tal cosa, y la puso en conocimiento de la cotillería del papagayo. Entonces la mujer cogió al avechucho, casi lo enterró, empezóle a echar agua como si no cesara de llover, con un espejo fingió luces que parecían relámpagos, y moviendo una muela, logró que el papagayo
10 pensara que eran truenos. Y así se estuvo la mujer durante toda la noche, hasta que amaneció. Y a la mañana llegó el marido y preguntó al papagayo lo que había visto aquella noche. Y el papagayo dijo:

—No pude ver nada con la gran lluvia y los truenos y los
15 relámpagos.

Y entonces dijo el hombre:

—¿La verdad que me dijiste de mi mujer es como esta que acabas de decirme? ¡Pues eres un bellaco embustero, y voy a mandarte matar!

20 Y envió por su mujer y le pidió perdón, y volvieron a vivir juntos.

1 se encolerizó *became enfuriated*
la echó del hogar *threw her out of the house*
2 el lance ... criada *the maid had informed him of the affair*
5 juró *swore*
incapaz *incapable*
la puso ... papagayo *informed her of the parrot's malicious gossip*
7 avechucho *big, ugly bird*
casi le enterró *nearly buried him*
empezóle ... llover *began to throw water on him as if it would not stop raining*

8 con un espejo ... relámpagos *with a mirror she flashed lights which appeared to be lightning*
9 moviendo una muela ... truenos *by grinding a millstone, she made the parrot think that it was thunder*
10 se estuvo *remained*
11 amaneció *it dawned*
18 bellaco embustero *wicked liar*
voy a mandarte matar *I'm going to have you killed*
20 le pidió perdón *asked her forgiveness*
volvieron a vivir *again lived*

PREGUNTAS

1. ¿Qué sentía el hombre hacia su mujer?
2. ¿Por qué compró un papagayo?

CUENTO DEL PAPAGAYO CHISMOSO Y DE LA PICARA MUJER • 9

3. ¿Quién vino a visitar a la esposa? ¿Cuándo? *came*
4. ¿Qué vio el papagayo y a quién se lo contó?
5. ¿Cómo reaccionó el esposo al cuento del pájaro? *bird*
6. ¿A quién acusó la esposa de su desgracia?
7. ¿Qué hizo la mujer al pájaro durante toda la noche?
8. ¿Qué quería saber el marido al día siguiente?
9. ¿Qué contestó el papagayo?
10. ¿Por qué no le creyó el esposo?
11. ¿Qué resultado tuvo el truco de la mujer?

Volvieron a vivir juntos

1. El hombre

2. Compró un papagayo para que el papagayo ver su mujer.

3. El amante de pícara mujer vino a visitar a la esposa un día.

4.

FRANCISCO MARTINEZ DE LA ROSA
(*España, 1787–1862*)

El apólogo o fábula

Breve, sencillo, fácil, inocente,
de graciosas ficciones adornado,
el apólogo instruye dulcemente:
Cual si sólo aspirase al leve agrado,
5 de la verdad oculta el tono grave;
al bruto, al pez, al ave,
al ser inanimado
le presta nuestra voz, nuestras pasiones
y al hombre da, sin lastimar su orgullo
10 de la razón las útiles lecciones.

---

  apólogo *apologue*
1 Breve *brief*
  sencillo *simple*
2 graciosas *witty*
3 instruye dulcemente *pleasantly instructs*
4 Cual si sólo ... agrado *As if it were only aspiring to light pleasure*
5 oculta *hides*
  grave *serious*
6 bruto *beast*
  pez *fish*
  ave *bird*
7 ser inanimado *inanimate being*
8 presta *lends*
9 sin lastimar su orgullo *without hurting his pride*
10 razón *reason*
  útiles *useful*

JORGE LUIS BORGES

Poeta, ensayista, y cuentista, el argentino Jorge Luis Borges (n. 1899) es uno de los escritores más distinguidos de la literatura contemporánea. Sus cuentos —algunos escritos en forma de parábolas, como el que sigue— reflejan el sentido lírico, la erudición, y el humorismo escéptico del autor.

Los dos reyes y los dos laberintos

Cuentan los hombres dignos de fe (pero Alá sabe más) que en los primeros días hubo un rey de las islas de Babilonia que congregó a sus arquitectos y magos y les mandó construir un laberinto tan perplejo y sutil que los varones más prudentes no se aventura-
5 ban a entrar, y los que entraban se perdían. Esa obra era un escándalo, porque la confusión y la maravilla son operaciones propias de Dios y no de los hombres. Con el andar del tiempo vino a su corte un rey de los árabes, y el rey de Babilonia (para hacer

    reyes *kings*
    laberintos *labyrinths*
1 dignos de fé *trustworthy*
    Alá *Allah*
    en los primeros días *at the beginning of time*
2 hubo *there existed*
    Babilonia *Babylon (ancient city renowned for its great luxury and licentiousness)*
    congregó *gathered together*

3 magos *magicians*
4 perplejo y sutil *complex and subtle*
    los varones...entrar *the wisest men did not dare enter*
5 obra *work of art*
6 la confusión...hombres *only God, not man, has the right to create both the confusing and the marvelous*
7 el andar del tiempo *the passing of time*
8 hacer burla de *to mock*

burla de la simplicidad de su huésped) lo hizo penetrar en el laberinto, donde vagó afrentado y confundido hasta la declinación de la tarde. Entonces imploró socorro divino y dio con la puerta. Sus labios no profirieron queja ninguna, pero le dijo al rey de
5 Babilonia que él en Arabia tenía un laberinto mejor y que, si Dios era servido, se lo daría a conocer algún día. Luego regresó a Arabia, juntó sus capitanes y sus alcaides y estragó los reinos de Babilonia con tan venturosa fortuna que derribó sus castillos, rompió sus gentes e hizo cautivo al mismo rey. Lo amarró encima
10 de un camello veloz y lo llevó al desierto. Cabalgaron tres días y le dijo: «¡Oh, rey del tiempo y substancia y cifra del siglo!, en Babilonia me quisiste perder en un laberinto de bronce con muchas escaleras, puertas y muros; ahora el Poderoso ha tenido a bien que te muestre el mío, donde no hay escaleras que subir, ni puertas
15 que forzar, ni fatigosas galerías que recorrer, ni muros que te veden el paso.»

1 simplicidad *simplicity*
huésped *guest*
penetrar *to go deeply into*
2 donde vagó afrentado y confundido *where he wandered humiliated and confused*
declinación de la tarde *nightfall*
3 imploró socorro divino *he implored divine assistance*
dio con la puerta *he came upon the door*
4 no profirieron queja ninguna *did not offer any complaint*
5 si Dios era servido *if it were the will of God*
6 regresó *he returned*
7 juntó *assembled*
alcaides *officers in charge of defending castles and other fortifications*
estragó los reinos *laid waste the kingdoms*
8 tan venturosa fortuna *with such great fortune*
derribó sus castillos *he demolished its castles*
9 rompió sus gentes *defeated its peoples*
hizo cautivo al mismo rey *captured the king himself*
Lo amarró *He lashed him*
10 camello veloz *swift camel*
Cabalgaron *They rode*
11 rey del tiempo ... siglo (*The Arabian king, knowing that the Babylonian monarch is unequal to the threat which they are imposing upon him, taunts him by addressing him with the traditional titles of his rank, used in an ironic vein.*)
12 bronce *bronze*
13 escaleras *staircases*
muros *walls*
el Poderoso *Almighty*
ha tenido a bien *has seen fit*
15 forzar *to force open*
fatigosas galerías que recorrer *fatiguing passageways to travel*
que te veden el paso *which may block your way*

Luego le desató las ligaduras y lo abandonó en mitad del desierto, donde murió de hambre y de sed. La gloria sea con Aquel que no muere.

1 le desató las ligaduras *he untied his bonds*
  mitad *middle*

2 La gloria sea con Aquel que no muere. *Glory be to He who never dies.*

PREGUNTAS

1. ¿A quiénes congregó el rey de Babilonia y qué les mandó construir?
2. ¿Cómo era el laberinto?
3. ¿Por qué era un escándalo esta obra?
4. ¿Cómo y por qué quería burlarse de su huésped el rey de Babilonia?
5. ¿Cuánto tiempo se quedó en el laberinto?
6. ¿Cómo se libró de él?
7. Después de salir, ¿qué le dijo al rey de Babilonia?
8. ¿Qué hizo al regresar a Arabia?
9. ¿Qué fortuna tenía?
10. Después de hacer cautivo al rey, ¿adónde le llevó?
11. ¿Por qué le abandonó en mitad del desierto?
12. ¿Qué moraleja tiene el cuento?

JOSE MARTI
(*Cuba, 1853–1895*)

Cultivo una rosa blanca

Cultivo una rosa blanca,
en julio como en enero,
para el amigo sincero
que me da su mano franca.

5   Y para el cruel que me arranca
el corazón con que vivo,
cardo ni ortiga cultivo:
cultivo la rosa blanca.

(De *Versos sencillos*)

4 franca *open*
5 arranca *pulls out*
6 corazón *heart*

7 cardo *thistle*
   ortiga *nettle*

JUAN RAMON JIMENEZ

Ganador del Premio Nobel en 1956, Juan Ramón Jiménez (1881-1958) es uno de los poetas españoles más distinguidos de este siglo. Además de su poesía impresionista y delicada, Jiménez es bien conocido por su obra en prosa Platero y yo. *A través de una serie de impresiones líricas, el autor confía sus pensamientos más íntimos a su borriquillo Platero. El relato siguiente es uno de los capítulos de* Platero y yo.

La carretilla

En el arroyo grande, que la lluvia había dilatado hasta la viña, nos encontramos, atascada, una vieja carretilla, perdida toda bajo su carga de hierba y de naranjas. Una niña, rota y sucia, lloraba sobre una rueda, queriendo ayudar con el empuje de su pechillo en flor al borricuelo, más pequeño ¡ay!, y más flaco que Platero. Y el borriquillo se despechaba contra el viento, intentando,

carretilla *small cart*
1 arroyo *stream*
   la lluvia había dilatado *the rain had swelled*
   viña *vineyard*
2 atascada *stuck*
   perdida toda bajo su carga *completely lost beneath its load*
3 hierba *grass*
   naranjas *oranges*
3 rota *ragged*
   sucia *dirty*
4 lloraba *was crying*
   rueda *wheel*
   con el empuje ... flor *by pushing with her little budding chest*
5 borricuelo *little donkey*
   flaco *skinny*
6 borriquillo *little donkey*
   se despechaba *was despairing*

inútilmente, arrancar del fango la carreta, al grito sollozante de la chiquilla. Era vano su esfuerzo, como el de los niños valientes, como el vuelo de esas brisas cansadas del verano que se caen, en un desmayo, entre las flores.

5 Acaricié a Platero, y, como pude, lo enganché a la carretilla, delante del borrico miserable. Le obligué, entonces, con un cariñoso imperio, y Platero, de un tirón, sacó carretilla y rucio del atolladero, y les subió la cuesta.

¡Qué sonreír el de la chiquilla! Fue como si el sol de la tarde, 10 que se quebraba, al ponerse entre las nubes de agua, en amarillos cristales, le encendiese una aurora tras sus tiznadas lágrimas.

Con su llorosa alegría, me ofreció dos escogidas naranjas, finas, pesadas, redondas. Las tomé, agradecido, y le di una al borriquillo débil, como dulce consuelo; otra a Platero, como 15 premio áureo.

1 inútilmente *in vain*
  arrancar *to pull*
  fango *mud*
  grito sollozante *sobbing shout*
2 chiquilla *little girl*
  esfuerzo *effort*
3 vuelo de... verano *flutter of those languid summer breezes*
  se caen *fall*
4 desmayo *faint*
5 Acaricié *I caressed*
  como pude *as best I could*
  enganché *I hitched*
6 con un cariñoso imperio *with an affectionate command*
7 de un tirón *with one tug*
  rucio *donkey*
  atolladero *deep, miry place*

8 les subió la cuesta *he pulled them up the hill*
9 ¡Qué sonreír el de la chiquilla! *How the little girl smiled!*
10 se quebraba *was breaking*
  al ponerse *upon setting*
  nubes de agua *rain clouds*
  amarillos cristales *yellow crystals*
11 le encendiese... lágrimas *kindled a dawn behind her smudged tears*
12 llorosa alegría *tearful joy*
  escogidas naranjas *choice, select oranges*
13 pesadas *heavy*
  redondas *round*
  agradecido *grateful*
14 débil *weak*
  dulce consuelo *sweet consolation*
15 premio áureo *golden reward*

PREGUNTAS

1. ¿Dónde estaba atascada la carretilla?
2. ¿Qué había en la carretilla?
3. ¿Qué hacía la niña?

4. ¿Cómo era el borriquillo de la niña?
5. ¿Qué trataba de hacer en vano el borriquillo?
6. ¿Qué hizo el autor?
7. ¿Cómo ayudó Platero al borriquillo de la niña?
8. ¿Cómo estaba la niña?
9. ¿Qué le ofreció la niña al autor?
10. ¿Qué hizo el autor con las dos naranjas?

A LOS VERDES PRADOS...

A los verdes prados
baja la niña:
ríense las fuentes,
las aves silban.
5 A los prados verdes
la niña baja:
las fuentes se ríen,
las aves cantan.

Anónimo

1 prados *meadows*   4 aves   *birds*
3 ríense *laugh*   silban *whistle*
  fuentes *fountains*

ROBERTO J. PAYRO

El escritor argentino Roberto J. Payró (1867-1928) se distinguió como novelista, cuentista, cronista, y dramaturgo. Entre sus obras más conocidas figura la novela picaresca El casamiento de Laucha. *Payró poseyó un gran talento narrador como se ve en el cuento «Celos.»*

Celos

I

Crispín era un pobre hombre: su mujer lo había hecho cornudo y sus congéneres desgraciado. Humilde, en su oficio de zapatero, doblado sobre el banquillo, trabajaba desde el amanecer hasta la noche para reunir centavos. Y reunía centavos; pocos centavos, naturalmente... Tres hijos tenía, los tres de diferentes pelajes, y no le daban sus hormas espacio para acariciar al primero, el

Celos *Jealousy*
1 pobre hombre *unfortunate creature*
  cornudo *cuckold*
2 sus congéneres desgraciado *his family unfortunate*
  oficio de zapatero *occupation of shoemaker*
3 doblado sobre el banquillo *bent over the shoemaker's bench*
3 trabajaba *he worked*
  amanecer *dawn*
4 reunir centavos *to gather together a few cents*
5 de diferentes pelajes *of different color hair*
6 no le daban sus hormas espacio *his work didn't give him enough time*
  acariciar *to caress*

19

20 • ROBERTO J. PAYRO

auténtico... Sonreía a los tres, por encima de sus anteojos, y se daba dos minutos para abrazar a su mujer, cuando ya no podía más de fatiga, después de la cena y del gran vaso de vino carlón... En torno se burlaban porque Ernesta era bonita, de
5 largos cabellos rubios, presumida y relativamente joven. La vecindad, dada a los escándalos, escarnecía aquella candidez y le confiaba sus zapatos viejos para que les pusiese medias suelas. Y corrían los meses iguales, el manso claveteaba y cosía y engrudaba, con los ojos tristes tras de los anteojos turbios.
10 Y pasó el tiempo. Pasó...

II

—Ahora que somos viejos, y que ya nada puede importarme ¿has sido infiel alguna vez?
Ernesta, bajo su copo de algodón, rio con la boca desdentada. Hubiera reído, sarcástica, largo rato.
15 —Don Pedro fue uno... el que más... —dijo él.
—¡Aaaah! —contestó confiada y burlona la boca vieja.
—Y Luisito...
—¡Ooooh! —carcajearon los labios sobre el hueco sonoro.

1 por encima de sus anteojos *over the top of his glasses*
2 se daba dos minutos *he took two minutes*
cuando ya no podía más de fatiga *when he could no longer do more because of fatigue*
3 cena *supper*
vaso *glass*
vino carlón *(a type of red wine)*
4 En torno *All around*
se burlaban *they were making fun*
5 largos cabellos rubios *long, blond hair*
presumida *conceited*
6 vecindad *neighborhood*
dada a los escándalos *fond of scandals*
escarnecía aquella candidez *ridiculed that innocence (of Crispín)*
7 medias suelas *half soles*
8 corrían los meses *the months passed*
el manso *meek fellow*
claveteaba... engrudaba *hammered and sewed and pasted*
9 turbios *cloudy*
12 infiel *unfaithful*
13 su copo de algodón *her snowy crown*
desdentada *toothless*
14 Hubiera reído *She must have laughed*
16 confiada y burlona *unsuspecting and mocking*
18 carcajearon *cackled*
labios *lips*
hueco sonoro *loud, gaping hole*

Y no hubo más, porque el martillo que ablandaba la suela había ido a romper el cráneo, ya sin la antigua égida rubia, guarnecido sólo por la helada e insuficiente defensa de las canas...

III

—Y usted la mató... —decía el Juez.
—Con estas manos, sí, señor.
—¿Y por qué lo hizo?
—Por celos, señor —contestó humildemente.
—Tiene usted ochenta y dos años...
—Así es...
—Ella tenía ya sesenta...
—Es verdad.
—Y si es así ¿qué temía usted?

Crispín permaneció un instante en silencio, chispeáronle las pupilas bajo los párpados sin pestañas, levantó la cabeza, vagó amarga sonrisa en los pellejos de su rostro, y exclamó:

—Yo no temía... ¡me acordaba!

1 no hubo más *there was no more*
  martillo *hammer*
  ablandaba la suela *used to soften the soles*
2 había ido a romper el cráneo *had broken her skull*
  la antigua égida rubia *the former blond defense (her thick hair which covered her skull when she was young)*
3 guarnecido *trimmed*
  helada *frozen*
3 canas *grey hair*
4 mató *killed*
  Juez *Judge*
13 permaneció *remained*
  chispeáronle las pupilas *the pupils of his eyes sparkled*
14 párpados sin pestañas *lashless eyelids*
  vagó amarga sonrisa *a bitter smile flickered*
15 pellejos *wrinkled skin*
16 ¡me acordaba! *I was remembering!*

PREGUNTAS

1. ¿Qué oficio tenía Crispín?
2. ¿Cuántas horas trabajaba cada día?
3. ¿Cuántos hijos tenía?
4. ¿Cómo era su mujer?

5. ¿Por qué se burlaban de él sus vecinos?
6. ¿Cómo pasaban los años para Crispín?
7. ¿Cuánto tiempo había pasado desde la primera parte del cuento hasta la segunda?
8. ¿Qué le preguntó Crispín a su esposa?
9. ¿Cómo le contestó ella?
10. ¿Cómo había cambiado físicamente Ernesta?
11. ¿Por qué no pudo Ernesta seguir riéndose de Crispín?
12. ¿Por qué la mató Crispín?
13. ¿Cuántos años tenían los dos?
14. Cuando el juez le preguntó qué temía, ¿qué le contestó Crispín?

MIGUEL DE CERVANTES
(*España, 1547-1616*)

Bailan las gitanas

Bailan las gitanas;
míralas el rey;
la reina, con celos,
mándalas prender.
5 Por Pascua de Reyes
hicieron al rey
un baile gitano
Belica e Inés;
turbada Belica,
10 cayó junto al rey,
y el rey la levanta
de puro cortés;
mas como es Belilla
de tan linda tez,
15 la reina, celosa,
mándalas prender.

De *Comedia famosa de
Pedro de Urdemalas*

Bailan *dance*
gitanas *gypsy girls*
2 rey *king*
3 reina *queen*
 celos *jealousy*
4 mándalas prender *orders them to be seized*
5 Pascua de Reyes *Epiphany (January 6)*
9 turbada *upset*
10 junto al *near*
12 de puro cortés *out of courtesy*
14 de tan linda tez *with such a pretty face*
15 celosa *jealous*

MODESTO MARTÍNEZ

El costarricense Modesto Martínez (1881-1952)—conocido con varios suedónimos: El teniente Nihi, Pepe Ruedelabola, y Ramiro Pérez—escribió cuentos, crónicas, y artículos. Se destaca el cuento que sigue por el simbolismo y la belleza impresionista.

El orto lunar

La niña, la rubia chiquitina estaba en la playa de Puntarenas.
Había visto el sol ponerse. Se acostó ya ese viejo perezoso, pensaba, y con las manecitas sonrosadas siguió escarbando en la arena para hacer un hueco y llenarlo de agua. Quería hacer un
5 mar chiquito que fuera sólo para ella. El mar grande, el que tenía enfrente, el que hervía y le mandaba ráfagas olorosas a sal, ese era de Dios y había que dejárselo. Además ese mar tiene cangrejos y es grande. Ella, tan chiquitita, no podía nunca jugar con él. Sólo Dios porque es tan grande puede jugar con aquel inmenso
10 y alborotado mar.

orto lunar   *rising moon*
1 rubia chiquitina   *blond little girl*
playa de Puntarenas   *beach of Puntarenas (on the coast of Costa Rica)*
2 ponerse   *set*
Se acostó   *went to bed*
viejo perezoso   *lazy old man (i.e., the sun)*
3 manecitas sonrosadas   *little, rosy hands*
3 siguió escarbando   *continued digging*
4 arena   *sand*
hueco   *hole*
6 enfrente   *in front of her*
hervía   *was seething*
ráfagas olorosas a sal   *gusts of wind smelling of salt*
7 cangrejos   *crabs*
8 jugar   *play*
10 alborotado   *agitated*

Así pensaba y seguía escarbando, quería antes de que llegara la niñera —que allá a lo lejos depártía bajo la sombra de un tamarindo con un soldado— tener hecho su mar, un mar chiquito y muy «corrongo,» para ella sola.

La noche caía. El bochorno iba pasando y una que otra ráfaga de prisa llegaba a juguetear con los bucles de oro de la chiquitina, que se pegaban a la cara cubierta de sudor. ¡Costaba tanto hacer un mar!

Cuando estaba ya al completar su excavación un cangrejo le dio un susto horrible. Se acercó blandiendo sus enormes tenazotas. Ella le tiró un puñado de arena y el animalucho huyó. Decidió no poner cangrejos en su mar; sólo caracoles y conchas de color rosa y tal vez admitiría un pescado, pero uno solo de color azul y con los ojos colorados; un «pajecito» muy lindo que no asustara a nadie, ni siquiera al chiquillo «lloretas» que acababa de llegar a mamá por el correo de París.

Bueno, ya el hueco estaba listo; ahora sólo faltaba traer el agua. Y pensó robarle unos cuantos puñados al mar grande, al mar de Dios.

Levantó la cabeza que había tenido abatida sobre el hueco y miró hacia el mar.

2 niñera *governess*
  a lo lejos *in the distance*
  depártía *was chatting*
  sombra *shade*
3 tamarindo *tamarind tree*
  soldado *soldier*
4 «corrongo» *charming, lovely* (*Americanism*)
5 caía *was falling*
  bochorno *sultry weather*
6 juguetear con los bucles de oro *to ruffle the golden curls*
7 se pegaban *were sticking*
  cubierta de sudor *covered with perspiration*
  Costaba tanto *It was such hard work*
9 estaba ya al completar *she was already about to complete*
10 susto *scare*
10 blandiendo *brandishing*
  tenazotas *huge claws*
11 puñado *fistful*
  animalucho *ugly creature*
12 caracoles *snails*
  conchas *shells*
13 pescado *fish*
14 colorados *red*
  «pajecito» *type of small fish*
  lindo *pretty*
  no asustara *would not frighten*
15 ni siquiera *not even*
  chiquillo «lloretas» *crybaby*
16 por el correo de París *by mail from Paris* (*It is customary for Spanish-speaking children to be told that newborn babies come from Paris.*)
17 listo *ready*
19 abatida *hanging low*

Y un espectáculo deslumbrador, hermosísimo, solicitó toda su atención y la dejó pensativa y silenciosa.

Era el orto lunar.

Una luna espléndida, luna llena, inmensa, de color pálido, cuyo enorme disco se iba levantando en la tersa línea del horizonte marino mientras su luz rielaba en una profunda franja sobre el océano quieto, silencioso, que parecía también sumido en una profunda mudez, contemplando la hermosura del astro nocturnal.

La calma que reinaba llenó de temores a la niña. Iba a gritar, pero en aquel momento recordó que aquel disco tan hermoso que estaba viendo era la luna.

Y la luna era su amiga. La conocía mucho. La había visto en las tardes y no le había tenido miedo. La había visto también partida por la mitad, como la naranja que le daba la mamá para el desayuno. Sí, era la luna. ¡Si ella pudiera cogerla! Se veía tan cerca, tan cerca. Y además sobre el mar había un caminito de luz, que unía la playa con la luna. ¡Ah!, pero y los cuernos, ¡dónde tendría ahora los cuernos la luna! ¿La embestiría cuando la fuera a coger?

Pudo más el deseo y se resolvió a emprender el corto viaje. Había que decidirse pronto, pues la luna subiría por el cielo arriba como lo acostumbraba hacer siempre y entonces ya sería imposible cogerla. Ahora que estaba tan bajita y tan cerca, era la oportunidad de atraparla.

1 deslumbrador *dazzling*
4 luna llena *full moon*
5 en la tersa línea del horizonte marino *on the flowing line of the horizon of the sea*
6 rielaba *was twinkling*
 franja *sash*
7 sumido *sunken*
8 mudez *silence*
 astro nocturnal *nocturnal star (i.e., the moon)*
9 temores *fears*
 gritar *to shout*
10 recordó *she remembered*
14 partida por la mitad *cut in half*
 naranja *orange*
16 caminito de luz *little path of light*
17 cuernos *horns*
 ¡dónde tendría ... luna! *Where could the horns of the moon be!* (*The crescent moon is referred to as* los cuernos de la luna *because it is shaped like the horns of a bull.*)
18 ¿La embestiría ... coger? *Would it charge at her if she were to reach for it?*
19 Pudo más el deseo *Her great desire won out*
 emprender *to undertake*
21 arriba *up*
 acostumbraba *was accustomed to*
23 atraparla *to seize it*

Pensó nuevamente en los cuernos, se rascó, dubitando, la cabecita y se decidió por fin.

Era muy liviana y podría ir sobre el mar; además, aquel caminito de luz debía ser para que anduviera sobre él. Por dicha los cangrejos estaban dormidos.

Caminó primero por sobre la playa y luego, sugestionada, absorbida por aquel persistente anhelo, cegada por el entusiasmo, se metió al mar tratando de seguir por la franja de luz. El agua le llegaba primero a las rodillas, luego más y más alto hasta cubrirla casi. Cuando el frío la hizo volver de su obsesión, dio un grito y se dejó caer.

El mar la cubrió por completo. ¡Y muy sereno continuó contemplando la luna!

Costó mucho salvarla.

Un paseante que iba por la playa y que vio de cerca el corto drama, se arrojó al agua y arrebató la niña al océano.

Mucho sufrieron los padres cuando la vieron llegar desfallecida en brazos de la niñera que con mil subterfugios excusaba su falta.

Al día siguiente ya estaba mejor. La ciencia y la solicitud de los suyos le devolvieron la salud y la alegría.

Al anochecer pidió que acercaran su blanca camita a la ventana para ver la luna.

Su padre la arrancó de la abstracción en que estaba y le pidió que contara —ahora que se sentía mejor— cómo había caído al mar.

Ella le dijo ingenuamente todo con su lengua infantil y pintoresca.

1	se rascó *she scratched*	15	paseante *passerby*
	dubitando *doubting*	16	se arrojó *threw himself*
3	liviana *light, slight*		arrebató *snatched*
4	Por dicha *Fortunately*	17	desfallecida *unconscious*
6	sugestionada *influenced by a hypnotic power*	19	los suyos *those around her (i.e., her parents, the doctor)*
7	anhelo *desire*	21	Al anochecer *At nightfall*
	cegada *blinded*		camita *little bed*
9	rodillas *knees*	23	la arrancó *pulled her out*
10	cubrirla *it covered her*	26	lengua *language*
	la hizo volver de *brought her out of*		pintoresca *picturesque*
14	salvarla *to save her*		

«Estaba haciendo un mar, vio la luna, quiso cogerla y cayó al agua...»

La madre quiso reñirla, pero el padre se lo impidió.

—No riñas, dijo. ¿Acaso los grandes no caemos también en el hondo mar del desengaño tratando de llegar a la luna radiosa de un ensueño por el camino de luz de una esperanza?

Y los tres se abrazaron formando el más tierno y hermoso de los cuadros.

La luna, al través de los cristales, contemplaba el grupo. ¡Y seguía serenamente recorriendo su órbita en los cielos!

3 reñirla *to scold her*
4 los grandes *adults*
5 desengaño *disillusion*
6 ensueño *dream*
  esperanza *hope*
7 se abrazaron *embraced each other*
8 cuadros *pictures*
9 al través de *through*
  cristales *window panes*
10 recorriendo *traveling over*

PREGUNTAS

1. ¿Qué quería hacer la niña en la playa?
2. ¿De quién era el mar grande?
3. ¿Qué hacía la niñera?
4. ¿Qué le dio un susto a la niña?
5. ¿Qué decidió poner la niña en su mar?
6. ¿Qué vio cuando miró hacia el mar?
7. Describa Vd. la luna.
8. ¿Por qué iba a gritar la niña?
9. ¿Por qué era su amiga la luna?
10. ¿Qué quería hacer la niña?
11. ¿Por qué temía coger la luna?
12. ¿Por qué creía que iba a ser fácil andar sobre el mar?
13. ¿Qué le pasó cuando se metió al mar?
14. ¿Qué hizo un paseante que iba por la playa?
15. ¿Cómo llegó a casa la niña?
16. ¿Cómo estaba la niña al día siguiente?
17. ¿Qué querían saber sus padres?

18. ¿Cuál fue la reacción de la madre después de oír la historia de la niña?
19. ¿Por qué no riñó a la niña su padre?
20. ¿Qué hicieron los tres?

LUIS PALES MATOS

(*Puerto Rico, 1898–1959*)

Claro de luna

En la noche de luna, en esta noche
De luna clara y tersa,
Mi corazón como una rana oscura
Salta sobre la hierba.

5 Qué alegre está mi corazón ahora!
Con qué gusto levanta la cabeza
Bajo el claro de luna pensativo
Esta medrosa rana de tragedia!

Arriba, por los árboles,
10 Las aves blandas sueñan,
Y más arriba aún, sobre las nubes,
Recién lavadas brillan las estrellas.

   Claro de luna   *Moonlight*
2 tersa   *glossy*
3 rana oscura   *dark-colored frog*
4 Salta   *Jumps*
  hierba   *grass*
6 gusto   *pleasure*
7 pensativo   *pensive*
8 medrosa   *fearful*
9 Arriba   *Up high*
  árboles   *trees*
10 aves blandas   *soft birds*
  sueñan   *dream*
12 Recién . . . estrellas.   *The stars shine newly washed.*

Ah, que no llegue nunca la mañana!
Que se alargue esta lenta
15 Hora de beatitud en que las cosas
Adquieren una irrealidad suprema,

Y en que mi corazón como una rana
Se sale de sus ciénagas,
Y se ve bajo el claro de la luna
20 En vuelo sideral por las estrellas!

14 Que se alargue *May ... be lengthened*
15 Hora de beatitud *Blessed hour*
18 ciénagas *marshes*
20 vuelo sideral *sidereal flight (i.e., between the stars)*

AZORIN

Miembro de la Generación del '98, José Martínez Ruiz (1873–1967), mejor conocido por el seudónimo Azorín, fue un escritor prolífico cuya producción literaria incluye novelas, cuentos, crítica literaria, y sobre todo, ensayos. Con un estilo sencillo, claro y preciso, Azorín contempla la vida con una ironía benigna, siempre poniendo énfasis en los pequeños acontecimientos.

El dinero llama al dinero

Dice el refrán que «el dinero llama al dinero.» Manuel García era muy pobre. No podía vivir; tenía muchas deudas. Lo había hecho todo para ver si podía salir de su angustiosa situación. Como último recurso, a costa de mil privaciones, compró un vigésimo de la lotería de Navidad. No quiso que lo supiera nadie. Poseía una capa que había sido de su bisabuelo. Descosió una de las vueltas: colocó con cuidado el vigésimo debajo y volvió a coserla. Ocho días después se puso la capa. No se la había puesto nunca. Al volver a casa tuvo que acostarse. Había cogido una pulmonía. Fue rápido el desenlace. Cuatro días después murió.

1 refrán *proverb*
2 duedas *debts*
3 angustiosa situación *agonizing circumstances*
5 vigésimo de la lotería de Navidad *one-twentieth of the Christmas lottery ticket.* (*The Christmas lottery offers the biggest prizes of the year. One lottery ticket is divided into twenty parts and a person may buy one-twentieth of a ticket or as many parts as he likes.*)
6 bisabuelo *great-grandfather*
  Descosió *He undid the seam*
7 vueltas *facings of garment*
  colocó con cuidado el vigésimo debajo *he carefully placed the ticket underneath*
  volvió a coserla *sewed it again*
8 Ocho días después *One week later*
9 acostarse *go to bed*
10 pulmonía *pneumonia*
  desenlace *development (of the illness)*

No había tenido tiempo de decir a nadie lo del vigésimo. No se había acordado tampoco. En el sorteo de Navidad, celebrado diez días después, cayó el premio mayor en el número que llevaba Manuel. Correspondían al vigésimo 750.000 pesetas. Al morir Manuel García, el hijo tuvo que malvender los efectos y trastos de la casa para poder pagar las duedas del padre. El hijo era tan pobre como el padre. La capa la compró un prendero por cuatro duros.

La capa estuvo poco tiempo en casa del prendero. Dos días hacía que el prendero la había comprado, cuando se declaró un incendio en la tiendecilla. El prendero quedó arruinado. Se salvó poco de la tienda. El prendero, que antes podía ir pelechando, ahora se veía en la miseria. Ponía algunos días un puesto al aire libre en la cabecera del Rastro. Un día pasó por allí un actor y se encaprichó con la capa. La compró: dio por ella seis duros. Con estos seis duros pudo comprar el prendero algunas medicinas en su última enfermedad. Murió de allí a poco.

El actor estaba muy ufano con su capa. Era una capa de paño recio, pardo; seguramente que la habían hecho lo menos ochenta años atrás. Estaba hecha con paño recio de Béjar, o quizá pro-

1 lo del vigésimo *the business of the lottery ticket* (*i.e., what he had done with it*)
2 acordado *remembered*
  sorteo *lottery drawing*
3 premio mayor *grand prize*
4 pesetas (*monetary unit of Spain*)
5 malvender *to sell at a loss*
  efectos y trastos de la casa *households goods and odds and ends*
7 prendero *second-hand dealer*
8 duros (*monetary unit of Spain*)
10 se declaró un incendio *a fire broke out*
11 tiendecilla *small, squalid store*
  quedó arruinado *was ruined*
  Se salvó *was saved*
12 podía ir pelechando *could make ends meet*
14 en la cabecera del Rastro *at the beginning of the Rastro* (*The flea market of Madrid where all kinds of articles are sold at bargain prices.*)
  se encaprichó con *was charmed by*
17 enfermedad *illness*
18 ufano *proud*
  paño recio, pardo *strong, dark-colored fabric*
19 ochenta años atrás *eighty years ago*
20 Béjar (*town in the province of Salamanca, famous for its close-woven woolen fabrics*)

cediera de las antiguas fábricas de paño burdo «Somonte,» que hubo en Agreda, en la provincia de Soria. Pero la capita tenía lo suyo. Se la puso el actor una noche en el estreno de una obra. Al día siguiente se sintió enfermo. No sabía lo que le pasaba. No podía trabajar. Sus nervios estaban desconcertados. Sin trabajar no podía vivir. Los negocios teatrales andaban también mal. Había muchos actores parados. Y este actor fue uno más de los parados. Las existencias metálicas se le habían agotado hacía mucho tiempo. Un amigo le buscó una contrata en América. El actor no había querido salir de España. Acuciado por la necesidad, se embarcó. Llevaba diez días de navegación, cuando una noche se sintió una formidable conmoción en todo el barco. Había chocado este barco con otro. Se hundió el trasatlántico y pereció el actor.

En Madrid el actor había dejado algunos efectos. Uno de ellos era la capa. Los herederos del actor liquidaron todo lo que había en la casa. La capa la compró un actor de cine.

Este actor de cine tenía que figurar en una película de asunto español. Era de asunto español; pero se hacía en Bretaña. Se tenían que representar en la película cosas de Galicia; pero era lo mismo que fueran cosas de Bretaña. El paisaje es parecido;

1 antiguas fábricas . . . Agreda *ancient Somonte woolen textile mills, located in Agreda (a town in the province of Soria)*
2 tenía lo suyo *had a certain something about it*
3 estreno *opening night*
5 desconcertados *shattered*
6 negocios teatrales *theatrical business*
7 parados *unemployed*
8 Las existencias ... agotado *He had run through his supply of hard cash*
9 contrata *contract*
10 Acuciado *Urged*
13 Había chocado *had collided*
13 Se hundió el trasatlántico *The ocean liner sank*
14 pereció *perished*
15 efectos *assets*
16 herederos *heirs*
18 figurar *to appear*
película *film*
19 Bretaña *Brittany (region in France)*
20 Galicia *(region in northwestern Spain)*
era lo mismo que *it was the same as if*
21 paisaje *landscape*
parecido *similar*

entre un bretón y un gallego no hay tampoco diferencias hondas. Y en cuanto al mar, todo agua, todo olas, olas que van y vienen; en fin, muchas olas. La semejanza entre Bretaña y Galicia no podía ser mayor. El cineasta, creemos que se dice así, tenía que representar un personaje gallego. Para ello se puso la capa. No era necesario que para representar a un marino gallego se pusiese una capa castellana. Pero eso tenía mucho carácter. Estaban haciendo la película cuando se recibió una terrible nueva; la empresa que hacía esta película había tronado. Y como este actor o cineasta llevaba ya seis meses siendo el ídolo de los públicos, estaba ya pasado de moda. Los actores de cine pasan de moda a los seis meses de actuar. Cada seis meses aparecen nuevos genios de la pantalla. Nuestro actor se vio arruinado. Volvió a España. Yendo de San Sebastián a Madrid descarriló el tren y murió el actor. Se salvó el equipaje; en el equipaje iba la capa.

La capa seguía su trayectoria. Se traía lo suyo. Un pintor le compró la capa a un trapero que la llevaba por la calle. Ningún mejor destinatario podía tener la capa que un pintor. El pintor no tenía dinero. Como cuando retrataba a una señora hacía a la señora tal como era, sin quitar ni poner nada, se corrió la voz entre las señoras y no iban a que las retratase. Y eso que era un maravilloso retratista. Ni los pintores ni los poetas, cuando tienen

1 entre un bretón y un gallego *between a Breton and a Galician*
hondas *deep*
3 en fin, muchas olas *in short, all waves are the same*
semejanza *similarity*
4 cineasta *movie star*
6 marino gallego *Galician seaman*
8 una terrible nueva *terrible news*
9 empresa *company*
había tronado *had folded*
11 pasado de moda *out of fashion*
13 pantalla *movie screen*
14 San Sebastián (*resort city on the northern coast of Spain*)
14 descarriló el tren *the train went off the track*
15 equipaje *baggage*
16 seguía su trayectoria *continued on its merry way*
Se traía lo suyo. *It carried along with it that certain something.*
17 trapero *ragpicker*
18 destinatario *recipient*
19 retrataba *he painted the portrait*
20 tal como era *exactly as she was*
se corrió la voz *word got around*
21 no iban a que las retratase *they were not going to have their portraits done by him*

talento, poseen dinero. Y si un pintor se empeña en ser independiente, en no imitar a nadie, ni seguir la escuela de nadie, ni variar según los gustos del día, entonces es la miseria completa.

No podía vivir nuestro pintor; pero pintaba todo el día. Sentía placer en el trabajo. Vendía sus cuadros por lo que le daban. Si él hubiera tenido algún dinero los hubiera regalado. La situacíon del pintor no podía prolongarse. Se prolongó durante algunos años. El tiempo pasó, y el pintor se vio viejo, sin amigos, sin protectores. De su familia no quedaba ya nadie. En estos días fue cuando, como un último capricho, compró la capa. ¿Para qué quería seguir viviendo el pintor? El fervor creador que tenía en su juventud ya no lo tenía. Un día salió de su casa y no volvió. Al día siguiente, en tres líneas, los periódicos daban cuenta del suicidio. El juzgado se incautó de los cachivaches que había en el estudio. Como el pintor debía ocho o diez meses del alquiler del estudio, se vendieron los muebles y se pagó al casero. La capa la compró don Pascasio López, que vivía en la casa de enfrente.

Don Pascacio López hizo una operación de Bolsa que le valió 500.000 pesetas. Para festejarla convidó a almorzar a unos amigos en un restaurante. La comida fue exquisita. Se bebió buen champaña. Al terminar, cuando ya estaban a punto de separarse todos los amigos, repararon en la capa que llevaba don Pascasio. «Me la he puesto —dijo don Pascasio— por un capricho. Es una capa legítima castellana.» Los amigos la estuvieron examinando. De pronto, uno de ellos, que estaba pasando sus dedos por las vueltas, notó un ruidito. Parecía el estridor de un papel estrujado.

1 se empeña en *insists on*
5 cuadros *paintings*
6 regalado *given as a gift*
10 como un último capricho *as a final whim*
12 juventud *youth*
14 El juzgado ... cachivaches *The court seized the worthless objects*
15 aquiler *rent*
16 muebles *furniture*
casero *landlord*
17 de enfrente *across the way*
18 operación de Bolsa *stock market transaction*
19 festejarla *to celebrate it*
21 a punto de *about to*
22 repararon *noticed*
25 De pronto *Suddenly*
26 notó un ruidito *heard a slight noise*
estridor de un papel estrujado *crackle of crumpled paper*

«¡Aquí hay algo!», exclamó. Todos prestaron atención. «¡Aquí hay algo!», repitió el mismo, después de haber tentado mejor la capa. Y con un cortaplumas, previo el permiso del dueño, cortó el hilo del cosido en una de las vueltas. Apareció el vigésimo.
Hubo un momento de algazara. Faltaba sólo un mes para terminar el año y que caducara el vigésimo. Este vigésimo, premiado con 750.000 pesetas, era el mismo que no había aparecido en los días del sorteo. Los periódicos hablaron de esa desaparición. Lo recordaba el amigo de don Pascasio porque él llevaba una participación en el número.

No nos detendremos a ponderar la alegría de don Pascasio. El caballero quiso regresar a pie a su casa; era un hombre sosegado; la tarde estaba templada. Llevaban caminando un buen trecho él y sus amigos, cuando vieron venir hacia ellos al apoderado de don Pascasio. «Iba a casa de usted —dijo el apoderado—; acabo de recibir un cable de Nueva York; en la operación de los aceros se han ganado cien mil dólares.» Continuaron todos andando hacia la casa. Al entrar en el portal, un repartidor de telegramas entraba también. Llevaba un telegrama para don Pascasio. Se lo dio a éste, y don Pascasio vio que era de su agente de Londres. Decía así: «Liquidadas acciones Felspatos Australia con ganancia de 6.000 libras.»

Y don Pascasio, que era un hombre cordial y bondadoso, exclamó con gesto resignado, mirando a sus amigos: «Señores, ya

1 prestaron atención   *paid attention*
2 después de haber tentado   *after having examined*
3 cortaplumas   *penknife*
   previo el permiso del dueño   *first getting the owner's permission*
4 hilo   *thread*
   cosido   *seam*
   Apareció   *appeared*
5 algazara   *commotion*
6 caducara   *would expire*
   premiado con   *awarded*
9 participación   *share*
12 regresar a pie   *return on foot*
12 sosegado   *calm*
13 templada   *fair, moderate*
   un buen trecho   *a good distance*
14 apoderado   *one who has power of attorney*
16 aceros   *steel*
18 portal   *entrance*
   repartidor   *delivery boy*
20 Londres   *London*
21 Liquidadas acciones Felspatos Australia   *Liquidated Felspatos Australia stock*
23 bondadoso   *kind*

ven ustedes que yo no tengo la culpa. Ya saben ustedes lo que se dice: «El dinero llama al dinero.»

En su lecho de muerte, un padre decía a sus hijos: «Hijos míos, tened respeto por el dinero, porque el dinero también sabe respetarse a sí mismo.»

1 culpa *blame*   3 lecho de muerte *deathbed*

PREGUNTAS

1. ¿Cómo vivía Manuel García?
2. ¿Qué decidió comprar?
3. ¿Por qué descosió una de las vueltas de su capa?
4. ¿Qué le pasó el día en que se puso la capa?
5. ¿Qué sucedió en el sorteo de Navidad?
6. ¿A quién compró la capa el prendero?
7. ¿Por qué quedó arruinado el prendero?
8. ¿A quién vendió la capa?
9. ¿Qué le pasó al prendero?
10. ¿Cómo era la capa?
11. ¿Qué le pasó al actor después de ponerse la capa?
12. ¿Por qué decidió ponerse la capa el actor de cine?
13. ¿Por qué tuvo que volver a Madrid y qué pasó en el camino?
14. ¿Cómo adquirió la capa el pintor?
15. ¿Por qué no tenía dinero el pintor?
16. ¿Qué decidió hacer el pintor?
17. ¿Comó ganó el dinero don Pascasio López?
18. ¿Qué descubrió uno de los amigos de don Pascasio examinando la capa?
19. ¿Qué diferencia hay entre don Pascasio y los otros que compraron la capa?
20. ¿Cómo se explica la buena suerte de don Pascasio?

JUAN RUIZ
ARCIPRESTE DE HITA

(*España, ¿1283-1351?*)

Ejemplo de la propiedad que el dinero ha

    Mucho hace el dinero, mucho es de amar;
Al torpe hace bueno y hombre de prestar,
Hace correr al cojo y al mudo hablar,
El que no tiene manos, dineros quiere tomar.

5   Sea un hombre necio y rudo labrador,
Los dineros le hacen hidalgo y sabidor,
Cuanto más algo tiene, tanto es de más valor;
El que no ha dineros, no es de sí señor.

        (Selección del *Libro de buen amor*)

Ejemplo *Exemplum*
propiedad *quality*
ha *has (archaic use of* haber)
1 mucho es de amar *it is much loved*
2 torpe *dullard*
hombre de prestar *man of great quality*
3 cojo *lame*
mudo *mute*
5 Sea *may be*
necio *foolish*
rudo labrador *uncouth peasant*
6 hidalgo *nobleman*
sabidor *scholar*
7 Cuanto más algo tiene *The more he has of something* (i.e., *money*)
8 no es de sí señor *is not his own master*

JORGE CAMPOS

Ensayista, novelista e investigador infatigable, el español Jorge Campos empezó a publicar cuentos en 1940 y ganó el Premio Nacional de Literatura en 1955 por su obra Tiempo pasado. *En sus cuentos se encuentra un estilo natural a la vez que poético.*

El cuento de la lechera

Sí que parecen mentira las cosas que suceden en el mundo, sí. Si se escribieran todas las que se ven por ahí... Por ejemplo, lo que le pasó a mi amigo Juan. Algunos no lo creerán, estoy seguro. Por lo tanto, no importa que le demos un poco forma
5 de cuento:

Juan está alegre, tendido en la cama, en su revuelto cuarto de joven soltero y trabajador. Si no estuviésemos en estos tiempos, alguien le calificaría de bohemio. No lo es. Vive envuelto en su trabajo y en sus aficiones sin desperdiciar tiempo ni cualidades.

El cuento de la lechera (*Modern version of the tale of the milkmaid who was so busy dreaming about what she would buy with the money from the milk that, while she daydreamed, the cow kicked the bucket of milk on the ground.*)
1 Sí que parecen mentira *Indeed seem incredible*
 suceden *happen*
2 todas las que se ven *all that are seen* (i.e., *all the things*)
6 tendido en la cama *stretched out on the bed*
 revuelto cuarto *disorderly room*
7 soltero *bachelor*
 trabajador *hard-working*
8 le calificaría de bohemio *would classify him as a bohemian*
 envuelto *wrapped up*
9 aficiones *hobbies*
 desperdiciar *to waste*
 cualidades *potential*

EL CUENTO DE LA LECHERA · 41

En las paredes tiene prendidas reproducciones de paisajes y escenas de películas. En la mesa se amontonan clisés y los característicos sobrecitos de entrega de pruebas fotográficas. En un cuartito de al lado suena el glogloteo de un grifo mal cerrado.
5 Allí es donde pasa las horas atareado con el revelado de fotos, que es su vocación y su modo de vivir.

Hasta el presente se desenvuelve con escasez. Podría ganar mucho más, pero está siempre encerrado con sus utensilios de laboratorio. Y hoy, una tarde de domingo en que el sol debe
10 lucir radiante en el exterior, está contento. Se ha tendido en la cama, sobre la que pende una bombilla, y examina cuidadosamente un clisé cogido por los bordes.

Es, en gran plano, vista desde un audaz ángulo, una sonrisa de muchacha. Entorna los ojos y sueña. Aquella fotografía es para
15 un concurso anunciado por una importante empresa del extranjero, al que pueden concurrir *amateurs* de todos los países. Juan está seguro de obtener el primer premio. ¿Es posible lograr, en un trozo de rostro, recoger mejor esa sensación agradable de brote, de vitalidad, que él ha conseguido? *Primavera*, piensa titularla,

1 tiene prendidas *he has hanging*
  paisajes *landscapes*
2 escenas de películas *movie scenes*
  se amontonan *are piled up*
  clisés *negatives*
3 sobrecitos de entrega *small delivery envelopes*
  pruebas *proofs*
4 de al lado *adjoining*
  suena *sounds*
  glogloteo ... cerrado *gurgling sound of a badly closed faucet*
5 atareado *busily working*
  revelado *developing*
6 su vocación ... vivir *his profession and his way of life*
7 se desenvuelve con escasez *his development is meager* (*i.e., he earns little*)
8 encerrado *locked up*
10 lucir radiante *shine brilliantly*
11 bombilla *electric light bulb*
12 cogido por los bordes *held by the edges*
13 en gran plano *enlarged*
  vista desde un audaz ángulo *seen from a daring angle*
  sonrisa *smile*
14 Entorna los ojos y sueña. *He half-closes his eyes and dreams.*
15 concurso *contest*
  empresa del extranjero *foreign firm*
16 concurrir *to compete*
17 lograr *to achieve*
18 trozo de rostro *fragment of a face*
  recoger *to gather*
  brote *budding*
19 conseguido *obtained*
  Primavera *Spring*

y recuerda que un amigo suyo, delgaducho y un tanto poeta, al contemplarla ha dejado caer una admiración:

—¡Esta chica huele a manzanas!

Siguiendo una vieja costumbre, y por no moverse del lecho, deposita en el suelo, sobre unos libros, el estimado clisé. Sin duda, el primer premio ha de ser para él. Enciende un pitillo y, tumbado, va fumando. El humo pasa por delante de la bombilla y se descompone en volutas y arabescos. Con él se van desenvolviendo sus ideas y proyectos. A la mañana siguiente saldrá el clisé bien empaquetado. Los señores del jurado no podrán reprimir sus gritos de admiración al desenvolverlo. La fotografía se colocará en el centro de la pared frontera, donde están expuestas las mejores. La prensa hablará de ella, su nombre se destacará en los diarios y revistas ilustradas de todo el mundo, y es posible que se le obligue a presentarse en la hermosa capital americana donde tendrá lugar el certamen.

Pero esto no es lo que interesa; si hace el viaje no es por oír aplausos y estrechar manos, sino por recoger las treinta mil moneditas de plata, que le permitirán comprarse un tomavistas. ¿Y quién impide que se traiga ya hecho un documental en la maleta?

Un documental es un negocio seguro. Todos los cines tienen la obligación de presentar películas de corto metraje. La producción

1 delgaducho *somewhat skinny*	10 jurado *jury*
un tanto poeta *a bit of a poet*	reprimir *to repress*
2 ha dejado caer una admiración *expressed admiration*	11 gritos *shouts*
	desenvolverlo *to unwrap it*
3 huele a manzanas *has an aroma of apples* (i.e., *she has an air of sweetness and freshness about her*)	se colocará *will be placed*
	12 pared frontera *front wall*
	expuestas *displayed*
5 suelo *floor*	13 prensa *press*
6 Enciende un pitillo *He lights a cigarette*	se destacará *will stand out*
	diarios *newspapers*
7 tumbado *lying flat*	16 certamen *contest*
humo *smoke*	18 estrechar manos *to shake hands*
8 se descompone . . . arabescos *breaks up into spirals and arabesques*	19 tomavistas *movie camera*
	20 documental *documentary film*
desenvolviendo *developing, unfolding*	21 maleta *briefcase*
	22 negocio *business*
10 bien empaquetado *well packed*	23 películas de corto metraje *film shorts*

EL CUENTO DE LA LECHERA · 43

nacional no basta para suministrar los necesarios, y una de esas películas, recorriendo todos los rincones, es lo suficiente para llenar los bolsillos de un buen realizador. Y a Juan, pensando esto, le parece que el humo del cigarro es el fondo movible sobre el que,
5 con letras claras, se destaca: *Juan, presenta...*

Ahí, ahí está la idea. Un documental sobre el tabaco. Visiones de América. Los indios. Las civilizaciones milenarias. Los conquistadores. Planos rápidos de rostros. ¡Qué sorpresa, hombres que echan fuego por la boca! La traída a Europa del producto.
10 Hoy todos fuman. Imágenes diversas de fumadores: un mendigo, un aristócrata, un moro... Luego, la nicotina. Sus productos: la industria, la medicina. Aspectos insospechados al principio se asoman al cerebro de Juan.

El cigarro se le va acabando. Ya llega el aro ígneo a la marca
15 comercial débilmente impresa. ¿Y por qué no utilizar el documental para la propaganda de una marca determinada? Puede hacerse con tal discreción, que el público no proteste. Es portentoso el dinero que se ganaría de ese modo. Podría ofrecerse el film a diferentes países. Muchos hablan la lengua hispana y no se necesi-
20 taría doblaje. Y con el dinero así ganado simultanear la actividad publicitaria con la producción de buenas películas. Llevar a la pantalla estupendos argumentos, pagar bien a los guionistas, ser el director más celebrado de ese grupo elegido de magos modernos.

 1 suministrar *to supply*
 2 recorriendo todos los rincones *traveling to all parts (i.e., playing in even the smallest theaters)*
 3 realizador *motion picture producer*
 4 cigarro *cigarette*
   fondo movible *moving background*
 7 milenarias *ancient*
 8 Planos rápidos *Quick shots*
 9 echan fuego *spout fire*
   La traída *The bringing*
10 mendigo *beggar*
12 Aspectos insospechados al principio *Aspects unthought of at the beginning*
13 cerebro *brain*
14 aro ígneo *burning stub*
   marca comercial *trade name*
15 débilmente impresa *lightly printed*
16 propaganda *advertising*
   determinada *specific*
17 portentoso *amazing, extraordinary*
20 doblaje *dubbing*
   simultanear *to carry out simultaneously*
   actividad publicitaria *advertising campaign*
22 pantalla *movie screen*
   argumentos *plots*
   guionistas *scenario writers*
23 elegido *chosen*
   magos *magicians*

Además, el juego de exportación e importación es ilimitado. Juan fuma enfebrecido, se ve constituyendo un *trust*, apoderándose de salones, derrotando a los competidores, muchas veces millonario, saliendo a los mercados extranjeros que se le van rindiendo...

El cigarro le quema los dedos. Lo deja caer. Instantáneamente, un olor que conoce muy bien le hace levantarse de un brinco. Pero su presteza llega tarde. El clisé es sólo un fragmento arrugado que se ha desvanecido en una llamarada única.

Adiós premio, documentales, nicotina, películas y *trust*. Adiós fantasías que han durado lo que un cigarro y se han disipado con el último humo azulado. Juan puede consolarse pensando que lo sucedido a él ya le ocurrió a una lechera hace años, y en siglos más lejanos a un religioso que ahorraba la miel y la manteca que le daban de limosna.

Eso es lo que ocurrió y lo que quería contarles. Perdonen por haberlo alargado un poquito, pero si nos conociésemos, y fuesen también amigos de Juan, todo habría sido más sencillo:

—¿No saben? ¡Se le quemó el clisé a Juan a última hora!

1 juego *play*
2 enfebrecido *feverishly*
apoderándose de salones *taking over movie houses*
3 derrotando *defeating*
4 extranjeros *foreign*
se le van rindiendo *are surrendering to him*
5 quema *burns*
6 olor *odor*
brinco *leap*
7 presteza *quickness*
fragmento arrugado *wrinkled fragment*
8 se ha desvanecido *has disappeared*
una llamarada única *a single burst of flame*
10 han durado lo que un cigarro *have lasted as long as a cigarette*
10 se han disipado *have disappeared*
11 azulado *bluish*
12 siglos más lejanos *centuries long past*
13 religioso *monk*
que ahorraba ... limosna (*The monk dreams of the fortune he will acquire and the family he will establish by selling the pitcher of honey and butter he has hanging over his bed. Seizing a stick to indicate how he will discipline his son, he breaks the pitcher and its contents fall on his head.*)
16 haberlo alargado *for having stretched it out*
18 ¿No saben? *Don't you know what happened?*
a última hora *at the last minute*

PREGUNTAS

1. Describa Vd. a Juan y su manera de vivir.
2. ¿Qué objetos de su profesión se encuentran por todas partes?
3. ¿Dónde pasa casi todas sus horas?
4. ¿Por qué no gana mucho dinero?
5. ¿Qué hace este domingo?
6. Describa Vd. el clisé.
7. ¿Qué piensa hacer Juan con este clisé?
8. ¿Qué espera lograr?
9. ¿Qué vieja costumbre sigue?
10. ¿Qué hace mientras mira el humo del cigarrillo?
11. ¿Qué harán los señores del jurado con el clisé?
12. ¿Qué dirá de él la prensa?
13. ¿Qué parte del certamen le interesa más? ¿Por qué?
14. ¿Por qué tiene tanto interés en hacer un documental?
15. ¿Sobre qué piensa hacer su documental?
16. ¿Qué piensa hacer con el dinero ganado del documental?
17. ¿Qué grandísimo sueño tiene?
18. ¿Qué le despierta de su sueño?
19. ¿Cómo acaba su ilusión?
20. ¿En qué consiste la ironía del final del cuento?

FELIX MARIA SAMANIEGO
(España, 1745–1801)

La lechera

    Llevaba en la cabeza
Una lechera el cántaro al mercado
    Con aquella presteza,
Aquel aire sencillo, aquel agrado
5 Que va diciendo a todo el que lo advierte:
¡Yo sí que estoy contenta con mi suerte!
    Porque no apetecía
Más compañía que su pensamiento,
    Que alegre la ofrecía
10 Inocentes ideas de contento;
Marchaba sola la feliz lechera,
Y decía entre sí de esta manera:
    Esta leche, vendida,
En limpio me dará tanto dinero;
15   Y con esta partida
Un canasto de huevos comprar quiero,
Para sacar cien pollos, que al estío
Me rodeen cantando el *pío, pío.*

    lechera *milkmaid*   12 entre sí *to herself*
2 cántaro *jug*   13 leche *milk*
   mercado *market*   14 En limpio *Clear profit*
3 presteza *agility*   15 partida *money staked*
4 agrado *affability*   16 canasto de huevos *basket of eggs*
5 advierte *notice*   17 pollos *chickens*
6 suerte *fortune*   estío *summer*
7 apetecía *wanted*   18 rodeen *encircle*
8 pensamiento *thought*   pío *sound made by chickens*

Del importe logrado
20 De tanto pollo mercaré un cochino;
Con bellota, salvado,
Berza, castaña, engordará sin tino,
Tanto que puede ser que yo consiga
Ver cómo se le arrastra la barriga.
25   Llevarélo al mercado:
Sacaré de él sin duda buen dinero:
Compraré de contado
Una robusta vaca, y un ternero
Que salte y corra toda la campaña
30 Hasta el monte cercano a la cabaña.
   Con este pensamiento
Enajenada, brinca de manera,
Que a su salto violento
El cántaro cayó. ¡Pobre lechera!
35 ¡Qué compasión!: adiós leche, dinero,
Huevos, pollos, lechón, vaca y ternero.
   ¡Oh, loca fantasía,
Qué palacios fabricas en el viento!
Modera tu alegría,
40 No sea que, saltando de contento
Al contemplar dichosa tu mudanza,
Quiebre su cantarillo la esperanza.

19 importe logrado *sum attained*
20 mercaré *I will buy*
   cochino *pig*
21 bellota *acorn*
   salvado *bran*
22 Berza *Cabbage*
   castaña *chestnut*
   engordará sin tino *he will get fat without moderation*
23 consiga *succeed in*
24 cómo se le arrastra la barriga *how his belly drags on the ground*
27 de contado *with cash*
28 vaca *cow*
   ternero *calf*
29 salte *jumps*
   campaña *countryside*
30 cercano a *near*
   cabaña *cottage*
32 Enajenada *Enraptured*
   brinca *leaps*
33 salto *jump*
36 lechón *suckling pig*
38 Qué palacios . . . viento *What castles you build in the air*
41 dichosa tu mudanza *happily your change in status*
42 Quiebre *may break*
   esperanza *hope*

No seas ambiciosa
De mejor o más próspera fortuna,
45 Que vivirás ansiosa
Sin que pueda saciarte cosa alguna.
No anheles impaciente el bien futuro,
Mira que ni el presente está seguro.

46 saciarte *to satisfy you*   47 el bien *possessions*
47 No anheles *Do not covet*

ANA MARIA MATUTE

Una de los cuentistas más importantes de la nueva generación española, Ana María Matute (n. 1926), nos presenta en su narración Fiesta al noroeste *(1953) y en* Cuentos de la Artámila *(1961) recuerdos de su niñez pasada en una finca de Castilla la Vieja. Su obra evoca este paisaje montañoso y el mundo encantado de la infancia.*

Don Payasito

En la finca del abuelo, entre los jornaleros, había uno muy viejo llamado Lucas de la Pedrería. Este Lucas de la Pedrería decían todos que era un pícaro y un marrullero, pero mi abuelo le tenía gran cariño y siempre contaba cosas suyas, de hacía tiempo:

5 —Corrió mucho mundo —decía—. Se arruinó siempre. Estuvo también en las islas de Java...

Las cosas de Lucas de la Pedrería hacían reír a las personas mayores. No a nosotros, los niños. Porque Lucas era el ser más extraordinario de la tierra. Mi hermano y yo sentíamos hacia él
10 una especie de amor, admiración y temor, que nunca hemos vuelto a sentir.

Payasito *Little Clown*
1 finca *farm*
  jornaleros *day laborers*
3 pícaro *rogue*
  marrullero *deceiver*
4 cariño *affection*
  de hacía tiempo *of long ago*
5 Corrió mucho mundo *He traveled a great deal*
  Se arruinó *He ruined himself*
6 Java *(island of the Dutch West Indies, now Indonesia)*
7 hacían reír *made ... laugh*
8 ser *being*
9 tierra *land*
10 una especie de amor *a kind of love*
  temor *fear*
  nunca hemos vuelto a sentir *we never again felt*

Lucas de la Pedrería habitaba la última de las barracas, ya rozando los bosques del abuelo. Vivía solo, y él mismo cocinaba sus guisos de carne, cebollas y patatas, de los que a veces nos daba con su cuchara de hueso, y él se lavaba su ropa, en el río, dándole grandes golpes con una pala. Era tan viejo que decía perdió el último año y no lo podía encontrar. Siempre que podíamos nos escapábamos a la casita de Lucas de la Pedrería, porque nadie, hasta entonces, nos habló nunca de las cosas que él nos hablaba.

—¡Lucas, Lucas! —le llamábamos, cuando no le veíamos sentado a la puerta de su barraca.

El nos miraba frotándose los ojos. El cabello, muy blanco, le caía en mechones sobre la frente. Era menudo, encorvado, y hablaba casi siempre en verso. Unos extraños versos que a veces no rimaban mucho, pero que nos fascinaban:

—Ojitos de farolito —decía—. ¿Qué me venís a buscar...?

Nosotros nos acercábamos despacio, llenos de aquel dulce temor cosquilleante que nos invadía a su lado (como rodeados de mariposas negras, de viento, de las luces verdes que huían sobre la tierra grasienta del cementerio...).

—Queremos ver a Don Payasito... —decíamos, en voz baja, para que nadie nos oyera. Nadie que no fuera él, nuestro mago.

1 barracas *huts*
2 rozando *grazing, bordering on*
bosques *woods*
cocinaba sus guisos *used to cook his meals*
3 cebollas *onions*
4 cuchara de hueso *spoon made of bone*
se lavaba *used to wash*
5 golpes *blows*
pala *mallet for pounding clothes*
6 perdió el último año... encontrar *he lost the last year and couldn't find it (i.e., he didn't know how old he was)*
Siempre que *Whenever*
12 frotándose *rubbing*
cabello *hair*
13 mechones *large locks of hair*
13 frente *forehead*
menudo, encorvado *slight, bent over*
14 extraños *strange*
16 Ojitos de farolito *Little lantern eyes*
17 nos acercábamos despacio *we would approach slowly*
dulce temor... invadía *sweet fear that sent tremors up our spines*
18 como rodeados de... verdes *as if we were surrounded by black butterflies, wind, and the green lights*
19 huían *fled*
20 tierra grasienta *oily ground*
22 nos oyera *would hear us*
mago *magician*

DON PAYASITO · 51

El se ponía el dedo, retorcido y oscuro como un cigarro, a través sobre los labios:

—¡A callar, a bajar la voz, muchachitos malvados de la isla del mal!

Siempre nos llamaba «muchachitos malvados de la isla del mal.» Y esto nos llenaba de placer. Y decía: «Malos, pecadores, cuervecillos,» para referirse a nosotros. Y algo se nos hinchaba en el pecho, como un globo de colores, oyéndole.

Lucas de la Pedrería se sentaba y nos pedía las manos:

—Acá las «vuesas» manos, acá pa «adivinasus» todito el corazón...

Tendíamos las manos, con las palmas hacia arriba. Y el corazón nos latía fuerte. Como si realmente allí, en las manos, nos lo pudiera ver: temblando, riendo.

Acercaba sus ojos y las miraba y remiraba, por la palma y el envés, y torcía el gesto:

—Manitas de «pelandrín,» manitas de cayado, ¡ay de las tus manitas, cuitado...!

Así, iba canturreando, y escupía al suelo una vez que otra. Nosotros nos mordíamos los labios para no reír.

—¡Tú mentiste tres veces seguidas, como San Pedro! —le decía, a lo mejor, a mi hermano. Mi hermano se ponía colorado y

1 retorcido y oscuro como un cigarro *as dark and twisted as a cigar*
a través sobre *over and across*
3 muchachitos malvados de la isla del mal *wicked children of the evil isle*
6 pecadores, cuervecillos *sinners, little crows*
7 algo se nos hinchaba en el pecho *something swelled up in our chests*
8 globo de colores *colored balloon*
9 se sentaba *sat down*
10 «vuesas» *dialectic for* vuestras
pa «adivinasus» *dialectic for* para adivinaros *in order to soothsay*
corazón *heart*
12 Tendíamos *We stretched out*
las palmas hacia arriba *palms up*
13 latía *was beating*
16 envés *back of the hand*
torcía el gesto *twisted his face*
17 Manitas de «pelandrín»... cuitado...! *Little farmer's hands, little shepherd's hands, woe on your little hands, wretched one!*
19 canturreando *chanting in a low voice*
escupía en el suelo una vez que otra *he spat on the ground once in a while*
20 nos mordíamos los labios *we bit our lips*
21 mentiste tres veces seguidas *you lied three times in a row*
como San Pedro *like St. Peter* (*Peter denied Christ three times.*)
22 se ponía colorado *turned red*

se callaba. Tal vez era cierto, tal vez no. Pero, ¿quién iba a discutírselo a Lucas de la Pedrería?

—Tú, golosa, corazón egoísta, escondiste pepitas de oro en el fondo del río, como los malos pescadores de la isla de Java...

Siempre sacaba a cuento los pescadores de la isla de Java. Yo también callaba, porque ¿quién sabía si realmente había yo escondido pepitas de oro en el lecho del río? ¿Podría decir acaso que no era verdad? Yo no podía, no.

—Por favor, por favor, Lucas, queremos ver a Don Payasito...

Lucas se quedaba pensativo, y, al fin, decía:

—¡Saltad y corred, diablos, que allá va Don Payasito, camino de la gruta...! ¡Ay de vosotros, ay de vosotros, si no le alcanzáis a tiempo!

Corríamos mi hermano y yo hacia el bosque, y en cuanto nos adentrábamos entre los troncos nos invadía la negrura verdosa, el silencio, las altas estrellas del sol acribillando el ramaje. Hendíamos el musgo, trepábamos sobre las piedras cubiertas de líquenes, junto al torrente. Allá arriba, estaba la cuevecilla de Don Payasito, el amigo secreto.

Llegábamos jadeando a la boca de la cueva. Nos sentábamos, con todo el latido de la sangre en la garganta, y esperábamos. Las mejillas nos ardían y nos llevábamos las manos al pecho para sentir el galope del corazón.

1 discutírselo a Lucas *argue about it with Lucas*
3 Tú, golosa *You with your sweet tooth*
corazón egoísta *selfish heart*
escondiste pepitas de oro *hid gold nuggets*
4 pescadores *fishermen*
5 sacaba a cuento *brought up*
6 callaba *remained silent*
7 lecho del río *riverbed*
11 Saltad y corred *Jump and run*
diablos *devils*
camino de la gruta *on the road to the cave*
12 Ay de vosotros *Woe is you*
alcanzáis *reach*
14 nos adentrábamos *penetrated*
15 negrura verdosa *greenish blackness*
16 las altas estrellas ... ramaje *the lofty rays of the sun piercing the branches of the trees*
17 Hendíamos el musgo *We cut through the moss*
trepábamos ... líquenes *we clambered over the stones covered with lichens*
18 torrente *waterfall*
cuevecilla *little cave*
20 jadeando *panting*
21 con todo el latido ... garganta *with the blood pounding in our throats*
22 Las mejillas nos ardían *Our cheeks were burning*
23 galope *galloping*

Al poco rato, aparecía por la cuestecilla Don Payasito. Venía envuelto en su capa encarnada, con soles amarillos. Llevaba un alto sombrero puntiagudo de color azul, el cabello de estopa, y una hermosa, una maravillosa cara blanca, como la luna. Con la diestra se apoyaba en un largo bastón, rematado por flores de papel encarnadas, y en la mano libre llevaba unos cascabeles dorados que hacía sonar.

Mi hermano y yo nos poníamos de pie de un salto y le hacíamos una reverencia. Don Payasito entraba majestuosamente en la gruta, y nosotros le seguíamos.

Dentro olía fuertemente a ganado, porque algunas veces los pastores guardaban allí sus rebaños, durante la noche. Don Payasito encendía parsimoniosamente el farol enmohecido, que ocultaba en un recodo de la gruta. Luego se sentaba en la piedra grande del centro, quemada por las hogueras de los pastores.

—¿Qué traéis hoy? —nos decía, con una rara voz, salida de tenebrosas profundidades.

Hurgábamos en los bolsillos y sacábamos las pecadoras monedas que hurtábamos para él. Don Payasito amaba las monedillas de plata. Las examinaba cuidadosamente, y se las guardaba en lo profundo de la capa. Luego, también de aquellas mágicas profundidades, extraía un pequeño acordeón.

1 cuestecilla *little slope*
2 envuelto *wrapped*
 capa encarnada, son soles amarillos *scarlet cape covered with yellow suns*
3 puntiagudo *sharp-pointed*
 estopa *burlap*
4 cara *face*
 la diestra *his right hand*
5 se apoyaba en un largo bastón *he leaned on a long cane*
 rematado... encarnadas *covered with scarlet paper flowers*
6 libre *free*
 llevaba unos cascabeles dorados que hacía sonar *he carried some gold bells which he would sound*
8 de un salto *with a leap*
9 una reverencia *a bow*
11 olía *smelled*
 a ganado *of cattle*
12 pastores *shepherds*
 rebaños *flocks*
13 parsimoniosamente *parsimoniously*
 farol enmohecido *moldy lantern*
14 ocultaba *he used to hide*
 recodo *angle*
 piedra *stone*
15 quemada por las hogueras *singed by the bonfires*
16 salida de tenebrosas profundidades *emanating from gloomy depths*
18 Hurgábamos *We poked*
 pecadoras monedas *sinful coins*
19 hurtábamos *we sneaked away*
 monedillas de plata *small silver coins*

—¡El baile de la bruja Timotea! —le pedíamos. Don Payasito bailaba. Bailaba de un modo increíble. Saltaba y gritaba, al son de su música. La capa se inflaba a sus vueltas y nosotros nos apretábamos contra la pared de la gruta, sin acertar a reírnos o a salir corriendo. Luego, nos pedía más dinero. Y volvía a danzar, a danzar, «el baile del diablo perdido.» Sus músicas eran hermosas y extrañas, y su jadeo nos llegaba como un raro fragor de río, estremeciéndonos. Mientras había dinero había bailes y canciones. Cuando el dinero se acababa Don Payasito se echaba en el suelo y fingía dormir.

—¡Fuera, fuera, fuera! —nos gritaba. Y nosotros, llenos de pánico, echábamos a correr bosque abajo; pálidos, con un escalofrío pegado a la espalda como una culebra.

Un día —acababa yo de cumplir ocho años— fuimos escapados a la cabaña de Lucas, deseosos de ver a Don Payasito. Si Lucas no le llamaba, Don Payasito no vendría nunca.

La barraca estaba vacía. Fue inútil que llamáramos y llamáramos y le diéramos la vuelta, como pájaros asustados. Lucas no nos contestaba. Al fin, mi hermano, que era el más atrevido, empujó la puertecilla de madera, que crujió largamente. Yo, pegada a su espalda, miré también hacia adentro. Un débil resplandor entraba

---

1 baile de la bruja Timotea *dance of Timothea the witch*
3 se inflaba *became inflated*
 vueltas *turns*
4 nos apretábamos *we squeezed*
 sin acertar a *without being able to figure out whether*
6 «el baile del diablo perdido» *"the dance of the lost devil"*
7 su jadeo *his panting*
 un raro fragor de río *a strange river-like clamor*
8 estremeciéndonos *making us tremble*
9 se acababa *ran out*
 se echaba *threw himself*
10 suelo *ground*
11 Fuera *Out*
12 echábamos a correr bosque abajo *we began to run out of the forest*
 con un escalofrío... culebra *with chills running up our backs like a snake*
14 fuimos escapados *we escaped*
17 vacía *empty*
18 le diéramos la vuelta, como pájaros asustados *we circled it like frightened birds*
19 el más atrevido *the most daring*
20 de madera *wooden*
 crujió largamente *creaked for a long time*
 pegada a su espalda *right in back of him*
21 débil resplandor *weak light*

DON PAYASITO · 55

en la cabaña, por la ventana entornada. Olía muy mal. Nunca antes estuvimos allí.

Sobre su camastro estaba Lucas, quieto, mirando raramente al techo. Al principio no lo entendimos. Mi hermano le llamó. Primero muy bajo, luego muy alto. Tambien yo le imité.

—¡Lucas, Lucas, cuervo malo de la isla del mal!...

Nos daba mucha risa que no nos respondiera. Mi hermano empezó a zarandearle de un lado a otro. Estaba rígido, frío, y tocarlo nos dio un miedo vago pero irresistible. Al fin, como no nos hacía caso, le dejamos. Empezamos a curiosear y encontramos un baúl negro, muy viejo. Lo abrimos. Dentro estaba la capa, el gorro y la cara blanca, de cartón triste, de Don Payasito. También las monedas, nuestras pecadoras monedas, esparcidas como pálidas estrellas por entre los restos.

Mi hermano y yo nos quedamos callados, mirándonos. De pronto, rompimos a llorar. Las lágrimas nos caían por la cara, y salimos corriendo al campo. Llorando, llorando con todo nuestro corazón, subimos la cuesta. Y gritando entre hipos:

—¡Que se ha muerto Don Payasito, ay, que se ha muerto Don Payasito...!

Y todos nos miraban y nos oían, pero nadie sabía qué decíamos ni por quién llorábamos.

1 entornada *half-closed*
3 camastro *huge, disheveled bed*
   raramente *strangely*
4 techo *ceiling*
7 Nos daba mucha risa *We thought it very funny*
8 zarandearle *to move him to and fro*
9 miedo *fear*
   no nos hacía caso *didn't pay any attention to us*
10 curiosear *to poke around*
11 baúl *trunk*
12 gorro *cap*
   cartón triste *wilted cardboard*
13 esparcidas *scattered*
14 estrellas *stars*
16 rompimos a llorar *we burst out crying*
   lágrimas *tears*
18 cuesta *hill*
   hipos *hiccoughs*

PREGUNTAS

1. ¿Quién era el jornalero más viejo?
2. ¿Qué opinión tenían de él los mayores?
3. ¿En qué consiste la diferencia entre esta opinión y la de los chicos?
4. ¿Dónde vivía Lucas y qué tipo de vida llevaba?
5. ¿Por qué les gustaba a los niños visitar a Lucas con frecuencia?
6. ¿Cómo era Lucas?
7. ¿Qué sensación tenían los chicos al acercarse a él?
8. ¿Por qué habían venido los chicos a la casa de Lucas?
9. ¿Cómo jugaba siempre con ellos?
10. ¿Adónde tenían que ir para esperar la llegada de Don Payasito?
11. Describa Vd. a Don Payasito.
12. ¿Qué les pidió a los niños y cómo les recompensó?
13. ¿Cómo encontraron a Lucas un día?
14. ¿Qué hicieron al ver que Lucas no respondió?
15. ¿Qué hallaron en el baúl?
16. ¿Por qué lloraban los niños?
17. ¿Qué habían perdido?

ANTONIO MACHADO
(*España, 1875-1939*)

Parábola I

    Era un niño que soñaba
un caballo de cartón.
Abrió los ojos el niño
y el caballito no vio.
5 Con un caballito blanco
el niño volvió a soñar;
y por la crin lo cogía...
¡Ahora no te escaparás!
Apenas lo hubo cogido,
10 el niño se despertó.
Tenía el puño cerrado.
¡El caballito voló!
Quedóse el niño muy serio
pensando que no es verdad
15 un caballito soñado.
Y ya no volvió a soñar.
Pero el niño se hizo mozo

---

2 un caballo de cartón *a pasteboard horse*
6 volvió a soñar *dreamed again*
7 crin *mane*
9 Apenas lo hubo cogido *Scarcely had he caught him*
11 Tenía el puño cerrado *His fist was closed*
12 voló *flew away*
14 no es verdad *is not real*
17 se hizo mozo *became a young man*

y el mozo tuvo un amor,
y a su amada le decía:
20 ¿Tú eres de verdad o no?
Cuando el mozo se hizo viejo
pensaba: Todo es soñar,
el caballito soñado
y el caballo de verdad.
25 Y cuando vino la muerte,
el viejo a su corazón
preguntaba: ¿Tú eres sueño?
¡Quién sabe si despertó!

De «Parábolas» en
Campos de Castilla

22 Todo es soñar *Everything is a dream*

JOSE VASCONCELOS

Muy preocupado por el destino de Hispanoamérica, el pensador y escritor mexicano José Vasconcelos (1882–1959) escribió La raza cósmica *e* Indología, *dos obras muy conocidas. En el cuento siguiente se fija en la injusticia y los abusos de los que mandan y en las consecuencias de estas condiciones.*

El gallo giro

Hacía dos años que el doctor estaba preso. Una denuncia que lo señalaba como desafecto al régimen había bastado para que, sin más trámite, se le internase indefinidamente en la Rotunda. Allí hacía la vida, bien conocida, del reo político: incomodidades
5 insufribles; de cuando en cuando, grillos, y muerte civil, soledad, abandono de casi todos los amigos.

Desde el jefe de la prisión, personaje importante, hasta el celador, criminal del orden común, todos explotan al prisionero

gallo giro *fighting cock*
1 preso *imprisoned*
Una denuncia . . . régimen *A denunciation which pointed to him as opposed to the regime*
2 sin más trámite *without any legal proceedings*
3 Rotunda *prison in Mexico*
4 reo político *political prisoner*
4 incomodidades insufribles *unbearable discomforts*
5 grillos . . . abandono de *shackles, and loss of rights, loneliness, abandonment by*
7 jefe *chief*
8 celador *warden*
criminal del orden común *common criminal*

en desgracia. Pero el doctor comenzaba a tener suerte: le olvidaban, y se las había arreglado, a poco costo, con un reo de homicidio, entre guardián auxiliar y sirviente. El homicida cumplía las faenas menudas: lavar el piso de la celda, calentar el café.

Cierta vez, el doctor le preguntó:

—Bueno, y tú ¿por qué mataste?

—¡Ah!, no, doctor —respondió—. Yo todavía no he matado a nadie... Ya, ya le explicaré por qué estoy aquí.

Pasaron varias semanas. El homicida se mostraba pacífico; se daba a respetar, no obstante que no se congraciaba según el expediente socorrido de los malos tratamientos y espionaje de los políticos... Un día en que se hallaron solos, el doctor insistió:

—¿Y por qué estás aquí?

El homicida repuso:

—Verá, doctor, a usted sí se lo voy a contar... Yo tenía un tendajo en Santa Rosa, alguna plata, mujer y un gallito... ¡Ah, doctor, qué gallo tan fino!... Nunca lo habían vencido... Gallo giro, de raza, donde ponía el pico clavaba... Ya no se atrevían a desafiármelo en el pueblo... Hasta que llegó el nuevo jefe civil, el coronel... Se anunció una gran pelea en su honor. Me aconsejaron que llevara mi gallo; el coronel llevó el suyo... ¡No

1 en desgracia *out of favor*
suerte *luck*
2 se las había arreglado *he had made an arrangement*
reo de homicidio *prisoner convicted of homicide*
3 entre guardián auxiliar y sirviente *somewhere between an auxiliary watchman and a servant*
4 faenas menudas *small chores*
piso *floor*
celda *cell*
calentar *warm*
6 Cierta vez *On a certain occasion*
10 pacífico *peaceful*
11 no obstante *not withstanding*
no se congraciaba ... políticos *he did not adulate (wheedle), a common practice, to avoid the mistreatment and spying of the politicians*
15 repuso *replied*
17 tendajo *small shop*
alguna plata *a little money*
gallito *little rooster*
18 vencido *defeated*
19 de raza *thoroughbred*
donde ponía el pico clavaba *wherever he put his beak he drove it in*
no se atrevían a desafiármelo *no one dared to challenge him*
20 jefe civil *governor*
21 pelea *match*
22 aconsejaron *advised*

era mal gallo, señor!... Cuando lo enfrentaron con el mío, el choque fue violento. De un picotazo, el gallo del coronel le sacó un ojo al mío...; yo mismo me creí perdido; pero entonces reveló mi giro toda su casta: erecto, corajudo, sin retroceder un paso, aguardó la nueva embestida y ¡zas!, como lo hiciera siempre, desgarró al enemigo en la nuca y lo mató... Mi gallo quedó herido y sangrando, pero no había razón para que declararan el empate... Yo me salí con mi gallo bajo el brazo, y los amenacé con el puño, la ira me cegaba; pero no les eché más que palabras.

Pocos días después me aprehendieron: me acusaban de querer matar al jefe civil... Entonces no lo había pensado, doctor... y aquí estoy desde hace años; pero todavía no he matado a nadie doctor.

Transcurrieron varios meses. El señalado como reo de homicidio seguía tranquilo, servicial; los demás presos lo estimaban. Un día, inesperadamente, llegó la gracia. El carcelero gritó:

—De orden superior, el reo Matías Cifuentes queda en libertad.

Lo mismo que cuando lo encarcelaron, ahora lo libertaban: nada más que porque sí, de orden de la autoridad. Después de tres años de cárcel, sin proceso, sin audiencia, ahora en libertad ... Los presos rodearon al compañero que se despedía.

—Déjame tu estera —dijo uno—; dámela...

1 lo enfrentaron *put him face to face*
2 choque *impact*
  picotazo *blow with his beak*
4 casta *breeding*
  corajudo *angry*
  sin retroceder *without retreating*
5 aguardó *awaited*
  embestida *charge*
6 desgarró *clawed*
  nuca *nape*
7 sangrando *bleeding*
8 empate *tie decision*
  los amenacé con el puño *I threatened them with my fist*
9 la ira me cegaba *rage blinded me*
15 Transcurrieron *passed*
  El señalado *The person pointed out*
16 presos *prisoners*
17 inesperadamente *unexpectedly*
  gracia *reprieve*
  carcelero *jailer*
19 encarcelaron *jailed*
20 nada más que porque sí *for no other reason than because they felt like it*
21 sin proceso *without due process*
  audiencia *trial*
22 rodearon *surrounded*
  se despedía *was saying good-bye*
23 estera *mat*

—No te la doy —respondió gravemente Matías—: te la empresto...
Otro se acercó a pedir el jarro:
—Dámelo.
—No te lo doy; te lo empresto —insistió Matías.
Todos bromeaban mientras se consumaba la distribución de los utensilios del encarcelado: miseria sin halo de renunciamiento; ruindad agobiadora, menos que el haber de un paria y sin la alegría del sol.
Matías se despidió del doctor.
—Bueno —le dijo este último—, te felicito. ¡Quién sabe cuándo volveremos a vernos!...
Matías se acercó al oído del doctor y le dijo quedo:
—Nos volveremos a ver muy pronto, doctor.

Entretanto, en el pueblo todos habían olvidado a Matías, incluso la mujer, que, al sentirse abandonada, indefensa, cedió a las intimaciones del jefe civil. El pequeño comercio lo hizo rematar la autoridad. Desde antes de que Matías llegara al pueblo, unos conocidos le informaron de que su ex cónyuge tenía ahora dos hijos del jefe civil... Matías recordó a su gallo: su gallo giro, su casa, su mujer... Matías trató de sonreír... No dijo nada. Las largas cavilaciones del presidio le habían enseñado a reprimirse y a disimular.

1 empresto *I'll lend*
3 se acercó *approached*
6 bromeaban *joked*
  se consumaba *was completed*
7 miseria sin halo de renunciamiento *misery without a halo of renunciation*
8 ruindad agobiadora *overwhelming baseness*
  haber de un paria *possessions of a pariah*
11 te felicito *I congratulate you*
13 oído *ear*
13 quedo *softly*
15 Entretanto *Meanwhile*
16 cedió a las intimaciones *gave in to the advances*
17 comercio *store*
18 rematar *auction*
19 conocidos *acquaintances*
   ex cónyuge *ex-wife*
21 sonreír *smile*
22 cavilaciones *criticisms*
   presidio *prison*
   reprimirse *to repress himself*
23 disimular *pretend*

Con el dinero ahorrado en la cárcel, Matías compró ropa nueva; compró también un puñal. Se vistió la ropa, se apretó la faja, y dentro de la faja escondió el acero.

Camino de los pueblos se fue rondando; se acercaba con cautela; llegó por fin a Santa Rosa, hospedóse donde un compadre, y poco se daba a ver. Pagó por adelantado una mesada. La mayor parte del día se quedaba en cama. Malestar, restos de fiebres contraídas en la prisión, explicaba a los pocos que solían verlo. De cuando en cuando paseaba por las calles, aparentemente despreocupado, casi afable con los vecinos. Cuando se acercaba a los grupos, oía las conversaciones y hablaba apenas. Parecía tener olvidada toda su vida anterior. A veces invitaba a beber, pagaba, bebía; pero se iba sin embriagarse.

Dos o tres veces miró a distancia al jefe civil, que pareció no advertirlo. Era grueso, alto y de porte insolente. Tan temido se sabía de todo el pueblo que ni siquiera se hacía acompañar de un ayudante. Andaba solo, pegando en la bota con el látigo; no se dignaba saludar, sino cuando quería zaherir...

—A ver tú, hijo de un tal..., o ¿qué anda haciendo este tal

1 ahorrado *saved*
2 puñal *dagger*
se apretó la faja *he tightened his sash*
3 escondió el acero *he hid the weapon*
4 Camino de *On the way to*
se fue rondando *he hovered about*
con cautela *cautiously*
5 hospedóse donde un compadre *he stayed at a friend's house*
poco se daba a ver *scarcely allowed himself to be seen*
6 por adelantado una mesada *a month's rent in advance*
7 se quedaba en cama *he stayed in bed*
Malestar *Indisposition*
restos de fiebres *remains of fevers*
8 solían *used to*
9 paseaba *strolled*
despreocupado *without any worries*
10 vecinos *neighbors*
13 embriagarse *getting drunk*
14 no advertirlo *not to notice him*
15 grueso *heavy*
de porte insolente *with an insolent manner*
temido *feared*
16 ni siquiera *not even*
17 ayudante *aide*
pegando *striking*
bota *boot*
látigo *whip*
18 saludar *greet people*
zaherir *to censure*
19 hijo de un tal *son of a*...

por aquí?... A mí nadie me hace tarugo... No hay más Dios que mi general...

Acostumbrado a vencer por el abuso de fuerza; habituado a la fácil sumisión de todos los que se le acercaban, su arrogancia habría sido completa a no ser por los signos ostensibles de otro proceso, el proceso inverso de su arrogancia: su disposición servil para con los superiores. La bestia sumisa reaparecía en él apenas recordaba las penosas escenas de su trato con los de arriba; con pavor imaginaba la posibilidad de que llegara a disgustársele el general; se sentía escupido, vejado..., y, en desquite, ofendía a los que miraba.

Por aquellos días, sin embargo, el jefe andaba casi dichoso. Ultimamente le habían recomendado, citándolo como modelo de gobernador, en cierta orden del día. Además, los negocios prosperaban. Una a una, y a imitación del general, él también había ido adquiriendo las fincas que le gustaron de las cercanías. El precio lo ponía él... (La gente es inclinada a abusar, y si uno se deja...) Nada de eso; ya se sabe que si el dueño resiste se le suben las contribuciones, se le acusa de desafecto al régimen, hasta que se llega a un precio razonable... ¡Qué penitentes eran todos aquellos campesinos rudos y leguleyos cobardes!... Todos, sólo el general..., mi general... ¡Ese sí es hombre!...

1 A mí nadie me hace tarugo *Nobody makes a wooden peg (fool) of me*
No hay más Dios que mi general *There is no other God than my general*
5 a no ser por los signos ostensibles *except for the apparent signs*
7 sumisa *submissive*
apenas recordaba las penosas escenas de su trato con los de arriba *no sooner did he remember the painful scenes of his dealings with his superiors*
9 pavor *fear*
llegara a disgustársele *would become displeased with him*
10 se sentía escupido, vejado *he felt himself spat upon, teased*
10 en desquite *in retaliation*
12 dichoso *fortunate*
14 en cierta orden del día *in a certain order of the day (military term)*
negocios *business*
15 Una a una *One by one*
16 fincas *farms*
cercanías *environs*
18 dueño *owner*
se le suben las contribuciones *his taxes are raised*
20 penitentes *humble*
21 campesinos *farmers*
leguleyos *petty lawyers*
22 ¡Ese sí es hombre! *He's the only real man!*

Un día que el jefe paseaba distraído, empeñado el corto ingenio en desenredar ciertas cuentas elementales, se fue por una de esas calles estrechas, sin salida, que los caprichos de la construcción suelen olvidar. Y al darse cuenta de su desvío sintió que lo seguían. Un hombre extraño, vestido de negro, avanzaba por la entrada del callejón. Al principio no lo reconoció. En rigor, después de una serie de atropellos sin nombre, no se acordaba ya casi de aquel Matías del gallo... y de la mujer...

El hombre que ahora venía hacia él parecía tranquilo; sin embargo, avanzaba con un paso desusado en aquellos contornos... Al acercársele, vio que el hombre sonreía; pero él no estaba acostumbrado a que nadie sonriera en su presencia, e instintivamente levantó en alto el látigo. Al punto, el otro sacó un puñal... El jefe, bruscamente avisado, echó mano a la pistola y tiró a matar...; pero le había temblado la mano y disparó sin tino. De un salto, el desconocido llegó hasta el jefe, lo sujetó del cuello y, mirándolo fijamente a los ojos, dijo:

—Mi gallo, mi gallo giro.

La mano izquierda sujetaba y sacudía; la otra mano buscó la nuca y enterró el puñal. Igual que mi gallo —pensó Matías...

En la cárcel de la Rotunda, los presos se disputaban el primer encuentro con el recién llegado. Sobre el chaleco negro ostentaba

1 empeñado el corto ingenio en desenredar *his dull mind engaged in unraveling*
3 estrechas *narrow*
sin salida *dead end*
4 al darse cuenta de *upon realizing*
desvío *wrong turn*
5 extraño *strange*
6 callejón *alley*
Al principio *At first*
En rigor *In fact*
7 atropellos sin nombre *nameless outrages*
10 desusado *unusual*
10 contornos *vicinity*
13 levantó en alto *raised*
Al punto *At once*
14 echó mano *drew*
tiró a matar *shot to kill*
15 disparó sin tino *he fired without a steady and accurate aim*
16 De un salto *With a jump*
lo sujetó del cuello *he held him down by the neck*
19 sacudía *was shaking*
20 enterró *buried*
23 recién llegado *new arrival*
chaleco *vest*

Matías una leontina sobredorada. Al principio no lo reconocían;
por fin, uno dijo:
—¡Si es Matías!...
—Sí —repuso éste—. A ver: mi estera, mis cacharros, que ahora
me vengo a quedar...
  Luego, como viera aparte al doctor, se acercó y le dijo:
—Ahora, sí, doctor; ya maté.

1 leontina sobredorada *gilded watch chain*
3 ¡Si es Matías! *Why it's Matías!*
4 cacharros *odds and ends*

PREGUNTAS

1. ¿Desde hacía cuántos años estaba preso el doctor?
2. ¿Por qué le habían internado?
3. ¿Cómo era su vida de preso?
4. ¿Cómo empezaba a tener suerte el doctor?
5. ¿Con quién se las había arreglado y cómo?
6. ¿Qué tipo de hombre era el homicida?
7. ¿Cómo era su gallo?
8. ¿Qué hicieron al llegar el jefe civil?
9. ¿Cómo terminó la lucha entre los dos gallos?
10. ¿Por qué aprehendieron al dueño del gallo?
11. ¿Por qué pusieron en libertad a Matías?
12. ¿Cuántos años había pasado en la cárcel?
13. ¿Qué le pidieron los presos a Matías?
14. ¿Por qué dijo que no se los daba sino que se los emprestaba?
15. ¿Qué dijo Matías al doctor al despedirse de él?
16. ¿Qué había pasado en el pueblo durante su ausencia?
17. ¿Qué recordó Matías?
18. ¿Qué había aprendido en la prisión?
19. ¿Qué compró Matías?
20. ¿Cómo pasaba la mayor parte del día?
21. ¿Cómo explicaba sus acciones?
22. ¿Cómo se portaba con los vecinos?
23. ¿Cómo era el jefe civil?

24. ¿A qué estaba acostumbrado el jefe?
25. ¿Cuál fue su actitud hacia los de arriba?
26. ¿Por qué se consideraba dichoso en estos días?
27. ¿Por dónde se fue un día?
28. ¿De qué se dio cuenta el jefe?
29. ¿Qué hizo el jefe para defenderse?
30. ¿Qué le dijo Matías antes de matarle?
31. ¿Cómo le mató Matías?
32. ¿Qué le dijo Matías al doctor?

FEDERICO GARCIA LORCA

(*España, 1898–1936*)

Sorpresa

Muerto se quedó en la calle
con un puñal en el pecho.
No lo conocía nadie
¡Cómo temblaba el farol!
5   Madre.
¡Cómo temblaba el farolito
de la calle!
Era madrugada. Nadie
pudo asomarse a sus ojos
10 abiertos al duro aire.
Que muerto se quedó en la calle
que con un puñal en el pecho
y que no lo conocía nadie.

Sorpresa *Surprise*
3 No lo conocía nadie. *No one recognized him.*
4 farol *street light*
5 Madre. (*exclamation used to give intensity of feeling to the poem*)
8 madrugada *dawn*
9 asomarse a *look into*
10 duro aire *harsh air*
12 que (*used for emphasis*)
13 y que (*used for emphasis only*)

VOCABULARIO

This vocabulary is intended to be complete for all meanings in the text except for pronouns, basic prepositions, and numbers.

abajo below, down
abandonado abandoned
abandonar to abandon
abandono m. forlornness
abatir to knock down
abrazarse to embrace
abrir to open
absorber to absorb
abstracción f. concentration, state of being lost in thought
abuelo m. grandfather
abundar to abound
abuso m. misuse, abuse
acá here
acabar de to have just; —**se** to run out of
acariciar to caress
acaso by chance, perhaps
acciones f. pl. stocks
aceptar to accept
acercarse to approach
acero m. steel; weapon; spirit, courage
acertar (ie) to guess right; to succeed
aconsejar to advise
acontecer to occur
acontecimiento m. happening, occurrence
acordarse (ue) de to remember, recall
acordeón m. accordion
acostarse (ue) to go to bed
acostumbrado accustomed
acostumbrarse to become accustomed
acribillar to pierce like a sieve; to cover with wounds
actitud f. attitude
actividad f. activity
actor m. actor
actuar to act
acuciado hasty, eager
acuciar to goad, prod
acusar to accuse
adelantado advanced; **por —** in advance
adelantarse to take the lead, excel; to come forward
además besides
adentrarse to penetrate
adentro within, inside
adiós good-bye
admiración f. admiration, wonder
admitir to admit
adquirir to acquire
advertir (ie) to warn
afable affable

afición *f.* taste, inclination
afrentar to affront, insult
afuera outside
agente *m.* agent
agobiador overwhelming
agotarse to become exhausted
agradable agreeable, pleasant
agradecido grateful
agrado *m.* pleasure, liking
agua *f.* (*art.* **el**) water
aguardar to expect; to wait for
ahí here
ahogarse to drown
ahora now
ahorrar to save
aire *m.* air
alargar to lengthen, extend
alborotado agitated, excited
alcaide *m.* governor of a castle
alcanzar to reach
alegre happy
alegría *f.* happiness
algazara *f.* din, clamor
algo something
alguno someone
aliento *m.* breath
almorzar (ue) to have lunch
almuerzo *m.* lunch
alquiler *m.* rent
alto high
allí there
amada *f.* beloved
amanecer to dawn
amante *m.* & *f.* lover
amar to love
amarillo yellow
amarrar to tie, lash
ambicioso ambitious
amenazar to threaten
amigo *m.* friend
amontonar to pile up, accumulate
amor *m.* love
andar to walk
ángulo *m.* angle
angustioso anxious
anhelar to desire, covet
anhelo *m.* desire
animalillo *m.* little animal
animalucho *m.* big, ugly animal
anochecer *m.* nightfall, dusk

ansioso anxious
anterior previous, former
antes de before
antiguo old, former
anunciar to announce
año *m.* year
aparecer to appear
aparentemente apparently
aparte apart
apenas hardly, scarcely
apetecer to desire
aplauso *m.* applause
apoderado *m.* one who has power of attorney
apoderarse to take possession of
apólogo *m.* fable
apoyarse to depend on
aprehender to apprehend, seize
apretarse (ie) to pinch
aprobar (ue) to approve
aquél that one
arabesco *m.* arabesque
árabe *m.* Arab
árbol *m.* tree
arder to burn
arena *f.* sand
aristócrata *m.* aristocrat
argumento *m.* plot
aro *m.* stub
arquitecto *m.* architect
arrancar to pull out
arrastrar to drag on the ground
arrebatar to carry off, snatch
arreglar to arrange
arriba high, on top; up; **los de —** superiors
arriesgarse to expose oneself to risk, dare
arrogancia *f.* arrogance
arrojar to throw
arroyo *m.* brook, stream
arrugado wrinkled
arruinado ruined
arruinarse to become ruined
artículo *m.* article
así thus
asomarse to appear; to look into
aspecto *m.* aspect
astro *m.* star
asunto *m.* matter

asustar to frighten
atareado exceedingly busy
atascado stuck in mire
atención *f.* attention
atolladero *m.* deep, miry place
atrapar to trap, ensnare
atrás behind, back
atreverse a to dare
atrevido daring
atropello *m.* trampling
audaz audacious, daring
audiencia *f.* hearing; high court and its jurisdiction
aún yet, still
aupar to help get up
áureo golden
aurora *f.* dawn
ausencia *f.* absence
ausente absent
autoridad *f.* authority
auxiliar auxiliary
avanzar to advance
ave *f. art.* **el** bird
avechucho *m.* big, ugly bird
aventurarse to venture, risk
avisado warned
ayudante *m.* assistant, aide
ayudar to help
azafrán saffron-colored
azul blue
azulado bluish

bailar to dance
baile *m.* dance
bajar to go down
bajo low; under
barco *m.* boat
barraca *f.* hut
barriga *f.* stomach, belly
bastar to be sufficient
bastón *m.* stick, cane
baúl *m.* trunk
beatitud *f.* blessedness
beber to drink
bellaco *m.* rogue, villain, knave
bellota *f.* acorn
benigno benign
berza *f.* cabbage
bestia *f.* beast
bienes *m. pl.* property, possessions

bisabuelo *m.* great-grandfather
blanco white
blandir to brandish
blando soft, pliant
boca *f.* mouth
bochorno *m.* hot, sultry weather
bohemio *m.* Bohemian
bolsillo *m.* pocket
bombilla *f.* light bulb
bondadoso good-natured, kind
borde *m.* border, edge
borricuelo *m.* little donkey
borriquillo *m.* little donkey
bosque *m.* woods, forest
bota *f.* boot
brazo *m.* arm
bretón *m.* Breton (from Brittany, France)
brillar to shine
brincar to leap, jump
brinco *m.* leap, jump
brisa *f.* breeze
bromear to joke
bronce *m.* bronze
brote *m.* budding
bruja *f.* witch
bucle *m.* curl
bueno good
burla *f.* joke, jest
buscar to look for

cabalgar to ride
caballo *m.* horse
cabaña *f.* cabin
cabecera *f.* head of a bed; beginning
cabello *m.* hair
cabeza *f.* head
cable *m.* cable
cacharro *m.* worthless thing; *pl.* odds and ends
cachivaches *m. pl.* worthless objects
cada every
caducar to become decrepit; to expire
caer to fall
calentar (ie) to warm up
calificar to qualify
calma *f.* calm

callar to keep quiet
calle *f.* street
callejón *m.* lane, alley
cama *f.* bed
camastro *m.* messy, disheveled bed
cambio *m.* change, exchange; **a —
de** in exchange for
camello *m.* camel
caminar to walk
camino *m.* road
campaña *f.* countryside
campesino *m.* peasant
campo *m.* country
canasto *m.* basket
canción *f.* song
cangrejo *m.* crab
cansado tired
cántaro *m.* jug
canturrear to hum; to sing in a low voice
capa *f.* cape
capital *f.* capital
capitán *m.* captain
capricho *m.* caprice, whim
cara *f.* face
caracol *m.* snail
carácter *m.* character
característico characteristic
cárcel *f.* prison
cardo *m.* thistle
carga *f.* load
cariño *m.* affection
cariñoso affectionate
carne *f.* flesh
carretilla *f.* small cart
cartón *m.* cardboard, pasteboard
casa *f.* house
cascabel *m.* bell
casero *m.* landlord
casi almost
casta *f.* breeding
castaña *f.* chestnut
castellano Castilian
castillo *m.* castle
cautela *f.* caution
cautivo *m.* captive
cavilación *f.* criticism
cayado *m.* staff
caza *f.* hunt
cebolla *f.* onion

ceder to cede
cegar (ie) to blind
celador *m.* warden
celda *f.* jail cell
celebrado famous
celebrar to praise
celos *m. pl.* jealousy
celoso jealous
cementerio *m.* cemetery
cerca near
cercanías *f. pl.* neighborhood, surroundings
cercano near
centro *m.* center, middle
cerebro *m.* brain
cerrar (ie) to close
cesar to cease, stop
cielo *m.* sky
cien one hundred
ciénaga *f.* marsh, moor
ciencia *f.* science
cierto certain
cifra *f.* cipher
cigarro *m.* cigarette
cine *m.* movie
cineasta *m.* movie star
citar to summon, give judicial notice
ciudad *f.* city
civilización *f.* civilization
claro clear; **— de luna** *m.* moonlight
clavar to nail, fasten, drive in
clisé *m.* film negative
cobarde *m.* coward
cocinar to cook
cochino *m.* pig
coger to catch, take
cojo *m.* lame person
cólera *f.* anger
colgado hung
colocar to place
color *m.* color
colorado colored
comenzar (ie) to begin
comer to eat
comercial commercial
comercio *m.* business
comida *f.* meal
como as; **— si** as if

compadre *m.* countryman
compañero *m.* companion
compañía *f.* companionship
compasión *f.* compassion, pity
competidor *m.* competitor
completo complete
comprar to purchase
común common
con with
concurrir to coincide, agree
concurso *m.* contest
concha *f.* seashell
conejo *m.* rabbit
confiar confide
conforme agreed
confundir to confuse
confusión *f.* confusion
congraciar to adulate, flatter
congregar to assemble, meet
conmoción *f.* commotion, excitement
conocer to know, be acquainted with
conocido *m.* acquaintance
conocimiento *m.* knowledge
conquistador *m.* conqueror
consecuencia *f.* consequence
conseguir (i) to obtain
consejo *m.* advise
consolarse (ue) to console oneself
constante constant
constituir to constitute
construcción *f.* construction
construir to construct
consuelo *m.* consolation
consumar to finish, perfect
contado: al — cash
contar (ue) to tell, relate
contemplar to contemplate, look at
contento content, happy
contestar to answer
continuar to continue
contornos *m. pl.* environs
contra against
contraer to incur
contrata *f.* contract
contribución *f.* contribution; tax
conversación *f.* conversation
convidar to invite

cónyuge *f.* wife
corajudo angry, ill-tempered
corazón *m.* heart
cordial cordial
correo *m.* mail
correr to run; **— mucho mundo** to travel a great deal; **—se la voz** to be rumored
corresponder to correspond, belong
cortaplumas *m.* penknife
cortar to cut
corte *f.* court
corto short
cosa *f.* thing
coser to sew
cosido *m.* stitched part; seam
cosquilleante tickling
costa *f.* cost; **a — de** at the expense of
costar (ue) to cost
costarricense *m.* Costa Rican
costumbre *f.* custom
cotillería *f.* knavishness; malicious gossip
creador *m.* creator
crear to create
creer to believe
criada *f.* servant, maid
criminal *m.* criminal
crin *f.* mane
cristal *m.* crystal, glass pane
crónica *m.* chronicle
cruel cruel
crujir to creak, rustle
cuadro *m.* painting
cual which
cualidad *f.* quality, potential
cuando when
cuanto: en — a as for
cuarto *m.* room
cubrir to cover
cuchara *f.* spoon
cuello *m.* neck
cuenta *f.* account
cuentista *m. & f.* short-story writer
cuento *m.* story
cuerno *m.* horn
cuerpo *m.* body

cuervecillo *m.* little crow
cuesta *f.* slope
cuestecilla *f.* small slope
cuestión *f.* question
cuidado *m.* care
cuidadosamente carefully
cuitado unfortunate, wretched
culebra *f.* snake
culpa *f.* fault
cultivar to cultivate
cumplir to fulfill
curiosear to pry into the affairs of others

chaleco *m.* vest
champaña *m.* champagne
chico *m.* boy
chiquilla *f.* little girl
chismoso gossipy
chocar to strike, collide
choque *m.* impact, collision

danzar to dance
dar to give; — **con** to meet, find; — **cuenta de** to account for; —**se cuenta de** to realize
debajo de underneath
deber must, ought, have to
débil weak
decidir to decide
decir to say
declarar to declare; —**se** to explain one's mind
declinación *f.* fall, decline
dedo *m.* finger
dejar to let, allow, permit
delante in front
delgaducho somewhat thin
dentro in, within
denuncia *f.* accusation, denunciation
departir to chat, talk, converse
depositar to deposit
derribar to overthrow, knock down
derrotar to defeat
desafecto opposed
desafiar to challenge
desaparición *f.* disappearance
desatar to untie

desayuno *m.* breakfast
descarrilarse to become derailed
descomponerse to forget oneself; to break up
desconcertado disconcerted
desconocido *m.* unknown person, stranger
descoser to rip seam or stitches
descuidado careless
desengaño *m.* disillusion, disappointment
desenlace *m.* denouement, conclusion
desenredar to disentangle, unravel
desenvolverse (ue) to unfold
deseo *m.* desire
deseoso desirous
desfallecido fainted
desgarrar to claw
desgracia *f.* misfortune
desierto *m.* desert
desistir to cease, give up
deslumbrador dazzling, glaring
desmayo *m.* swoon, fainting fit
despacio slowly
despecharse to despair
despedirse (i) to say farewell
desperdiciar to waste, squander
despertarse (ie) to awaken
despreocupado unworried
después de after
desquite: en — in retaliation, compensation
destacarse to stand out
destinado destined
destinatario *m.* addressee; consignee
destino *m.* destiny, future, fate
desusado obsolete
desvanecerse to vanish
desvío *m.* deflection; wrong turn
detenerse to stop, pause
determinado determined
deuda *f.* debt
devolver (ue) to return
devorar to devour
día *m.* day
diablo *m.* devil
diario *m.* newspaper
dichoso fortunate

diestra *f.* right hand
diferencia *f.* difference
diferente different
dignarse to condescend, deign
digno worthy
dilatar to expand, lengthen
dinero *m.* money
Dios *m.* God
director *m.* director
disco *m.* disk
discreción *f.* discretion
discutir to discuss
disgustar to displease, dislike
disimular to pretend
disipar to dissipate, disperse, scatter
disparar to shoot
disposición *f.* disposition
disputa *f.* argument, dispute
disputarse to fight
distancia *f.* distance; a — in the distance
distraído absentminded
distribución *f.* distribution
diverso diverse, different
divino divine
doblaje *m.* dubbing in a film
documental *m.* documentary film
domingo *m.* Sunday
donde where
dorado gold, golden
drama *m.* drama
dubitar to doubt
duda *f.* doubt
dueño *m.* owner
dulce sweet
durante during
durar to last
duro hard, harsh; *m.* Spanish coin worth five **pesetas**

echar to cast, throw, fling; —**a** to begin; —**se** to throw oneself
efectos *m. pl.* assets, chattels, goods
egoísta *m.* egotist
ejemplo *m.* example
elegir (i) to choose, select
elemental elementary, fundamental

embarcarse to embark
embestida *f.* assault
embestir (i) to attack, rush
embriagarse to become drunk
embustero *m.* liar, cheat, hypocrite
empaquetado packed up
empate *m.* tie decision
empeñado pawned
empeñarse en to intercede; to insist on
empezar (ie) to begin
emprender to undertake
empresa *f.* firm; management of a theater
emprestar to lend
empujar to push, shove
empuje *m.* push
enajenado enraptured
encantado enchanted
encapricharse to become infatuated
encarcelado *m.* prisoner
encarcelar to imprison
encargado in charge of
encarnado red
encender (ie) to light, kindle
encerrar (ie) to enclose
encima de on top of
encolerizado enraged
encolerizarse to become enraged
encontrar (ue) to find
encorvado bent over
encubrir to hide, conceal
encuentro *m.* encounter
enemigo *m.* enemy
enero *m.* January
enfebrecido feverish
enfermedad *f.* illness
enfermo ill
enfrentar to confront
enfrente de in front of
enganchar to hook, hitch
engordar to fatten
enmohecido moldy, mildewed
enojado angry
enorme enormous
ensayista *m.* essayist
enseñar to teach
ensueño *m.* dream
enterrar (ie) to bury

entonces then
entornar to half-close
entrada *f.* entry, entrance
entrar to enter
entre between, among
entrega *f.* delivery
entretanto meanwhile
entusiasmo *m.* enthusiasm
envés *m.* back of hand
enviar to send
envuelto wrapped up
equipaje *m.* luggage
erecto erect
erudición *f.* knowledge
escalera *f.* staircase
escalofrío *m.* chill
escándalo *m.* scandal
escaparse to escape
escarbar to dig
escasez *f.* scarcity
escena *f.* scene
escéptico skeptical
escogido chosen, selected
esconder to hide
escritor *m.* writer
escuchar to listen to
escuela *f.* school
escupido spat upon
escupir to spit
esfuerzo *m.* effort
espalda *f.* shoulder
esparcido scattered
especie *f.* kind, sort
espectáculo *m.* spectacle
espejo *m.* mirror
esperanza *f.* hope
esperar to hope
espionaje *m.* espionage, spying
esposo *m.* husband
ésta this one
estancia *f.* stay; room
estar to be; — **ausente** to be absent
estera *f.* mat
estilo *m.* style
estimado esteemed
estimar to esteem
estío *m.* summer
estopa *f.* burlap
estragar to corrupt, spoil

estrechar to press, tighten; — **manos** to shake hands
estrecho narrow
estrella *f.* star
estremecer to shake, make tremble
estreno *m.* first performance
estridor *m.* noise, creak, screech
estrujado crushed, crumpled
estudio *m.* study
estupendo stupendous
examinar to examine
excavación *f.* excavation, hole
exclamar to exclaim
excusar to excuse
existencia *f.* existence; stock
expediente *m.* expedient
explicar to explain
explotar to exploit
exponer to expose
exportación *f.* export
exquisito exquisite
exterior *m.* exterior
extraer to extract
extranjero foreign; *m.* abroad
extraño strange
extraordinario extraordinary

fábrica *f.* factory
fabricar to manufacture, make
fácil easy
faena *f.* task, chore
faja *f.* sash
falta *m.* lack; shortcoming
faltar to be lacking, need
familia *f.* family
fango *m.* mud
fantasía *f.* fantasy, imagination
farol *m.* street lamp, lantern
fascinar to fascinate
fatiga *f.* fatigue
fatigoso tiring
fe *f.* faith
felicitar to congratulate
feliz happy
feo ugly
fértil fertile
fervor *m.* fervor
festejar to celebrate
fiebre *f.* fever
figurar to represent

fijarse en to concentrate on
fin *m.* end; **al —** at last; **en —** in short
finca *f.* farm
fingir to pretend
fino fine, thin
flaco thin
flor *f.* flower; **en —** in bloom
fondo *m.* depth, bottom; background
formidable formidable
fortuna *f.* fortune, luck
forzar (ue) to force
foto *f.* photograph
fragmento *m.* fragment
fragor *m.* noise, clamor
franco frank
franja *f.* border
frente *f.* forehead
frío cold
frontero opposite, facing
frotarse to rub
fuego *m.* fire
fuera out, outside
fuerte strong
fuerza *f.* force; strength
fumador *m.* smoker
fumar to smoke

galería *f.* gallery
galgo *m.* greyhound
galope *m.* gallop
gallego *m.* Galician (from the province of Galicia in Spain)
gallo *m.* rooster
ganado *m.* cattle, livestock
ganador *m.* winner
ganancia *f.* earning, profit
ganar to earn
gangoso snuffling; speaking with a twang
garganta *f.* throat
genio *m.* temperament
gente *f.* people
gesto *m.* gesture
globo *m.* balloon
glogloteo *m.* gurgling
gloria *f.* glory
gobernador *m.* governor
goloso having a sweet tooth

golpe *m.* blow
gorro *m.* cap
gracia *f.* pardon; grace
grande large
grasiento greasy
gravemente gravely
grifo *m.* faucet
grillos *m. pl.* shackles, irons
gritar to shout
grito *m.* shout
grueso thick
grupo *m.* group
gruta *f.* cave, grotto
guardar to keep
guardián *m.* keeper, warden
guionista *m.* scenario writer
guiso *m.* cooked dish
gustar to like; be pleasing to
gusto *m.* taste; liking

haberes *m. pl.* possessions
habituado accustomed to
hablar to speak
hacer to do; **— caso** to pay attention
hacia towards
hambre *f.* (*art.* **el**) hunger
hasta until
hay there is, there are
hendir (ie) to open a passage through a crowd
heredero *m.* heir
herido wounded
hermano *m.* brother
hermoso beautiful
hervir (ie) to boil, seethe
hidalgo *m.* nobleman
hierba *f.* grass
hijo *m.* son; *pl.* children
hilo *m.* thread
hincharse to swell
hipo *m.* hiccough
hispano Hispanic, Spanish
hogar *m.* home
hoguera *f.* bonfire, blaze
hoja *f.* leaf (of book)
hombre *m.* man
homicida *m.* murderer
homicidio *m.* homicide
hondo deep

hora *f.* hour
horizonte *m.* horizon
horma *f.* shoe form, mold
horrible horrible
hospedarse to take lodging
hoy today
hueco *m.* hole
hueso *m.* bone
huésped *m.* guest
huevo *m.* egg
huir to flee
humo *m.* smoke
hundirse to sink
hurgar to stir, excite
hurtar to steal, rob; to sneak away

idea *f.* idea
ídolo *m.* idol
ígneo burning, fiery
igual same
ilimitado unlimited, boundless
ilustrado learned, well-informed; illustrated
imagen *f.* image
imaginar to imagine
imitación *f.* imitation
imitar to imitate
impaciente impatient
impedir (i) to prevent, hinder
imperio *m.* command; dignity of an emperor
importación *f.* import
importante important
importar to be important; to concern; to import
importe *m.* amount; price, cost, value
imprimir to print
inanimado inanimate
incapaz incapable
incautarse to attach property
incendio *m.* fire
incluso including; included
incomodidad *f.* inconvenience, nuisance
increíble unbelievable
indefenso defenseless
indefinidamente indefinitely
independiente independent
indio *m.* Indian

industria *f.* industry, dilligence
inerme defenseless
inesperadamente unexpectedly
inexistente nonexistent
infancia *f.* childhood
infante *m.* prince
infantil childish
infatigable tireless
inflarse to swell, inflate
informar to inform
ingenio *m.* talent, skill
ingenuamente candidly
injusticia *f.* injustice
inocente innocent
inmenso immense
insignificante insignificant
insistir to insist; to emphasize
insolente insolent
insopechado unsuspected
instantáneamente instantly
instintivamente instinctively
instruir to instruct, teach
insufrible intolerable
insultar to insult
intentar to intend; to try
interesar to interest
internar to enter; to place in an institution or in prison
intimación *f.* intimation, hint
inútil useless
invadir to invade
inverso inverse
investigador *m.* researcher
ir to go
ira *f.* anger
iracundo angry; enraged
irrealidad *f.* unreality
irresistible irresistible
isla *f.* island
izquierdo left

jadear to pant
jadeo *m.* pant, palpitation
jarro *m.* jug, jar
jaula *f.* cage
jefe *m.* chief
jefe civil *m.* governor
jornalero *m.* day laborer
joven young; *m.* young man
juego *m.* game

juez *m.* judge
juguetear to frolic, sport
juntar to join, connect; to assemble
junto together
jurado *m.* jury
jurar to swear
juventud *f.* youth

laberinto *m.* labyrinth
labio *m.* lip
laboratorio *m.* laboratory
labrador *m.* worker
lado *m.* side; **al —** near at hand
lágrima *f.* tear
lance *m.* incident; quarrel
lanzar to throw
largo long
lastimar to hurt
latido *m.* beat, throb
látigo *m.* whip
lavar to wash
lección *f.* lesson
leche *f.* milk
lechera *f.* milkmaid
lecho *m.* bed
legítimo legitimate
leguleyo *m.* petty lawyer
lejano far, distant
lejos de far; **a lo —** in the distance
lengua *f.* language
lento slow
león *m.* lion
leontina *f.* watch chain
letra *f.* letter
leve light
liberar to liberate, free
libertad *f.* liberty
libertar to liberate, free
libra *f.* pound
librar to free
libre free
libro *m.* book
liebre *f.* hare
ligadura *f.* bond
limosna *f.* charity, alms
limpio clean
línea *f.* line
liquidar to liquidate
listo ready

liviano light; slight
loco mad
lograr to achieve; to obtain
lotería *f.* lottery
lucir to shine
lucha *f.* fight
luchar to fight
luego then
lugar *m.* place, site
luna *f.* moon; **— llena** full moon
lunar lunar
luz *f.* light

llamar to call; to name
llamarada *f.* burst of flame
llegar to arrive
llenar to fill
lleno de full of
llevar to carry, carry off
llorar to cry
lloretas *m.* crybaby
lloroso tearful
llover (ue) to rain
lluvia *f.* rain

madriguera *f.* burrow; den
mago *m.* magician
malestar *m.* indisposition
malvender to sell at a loss; to sacrifice
mandar to order; to send
manera *f.* way, means; **de — que** so that
manteca *f.* butter
manzana *f.* apple
mar *m.* sea
maravilla *f.* wonder
maravilloso marvelous
marca *f.* mark; commercial brand name
marchar to walk
marido *m.* husband
marino nautical; *m.* mariner, seaman
madrugada *f.* dawn
más more
mata *f.* sprig; blade; grove, orchard
matar to kill
mayor greater, larger
medicina *f.* medicine

medio *m.* means
medroso fearful
mejor better
mendigo *m.* beggar
mentir (ie) to lie
mentira *f.* lie
menudo small, little; insignificant
mercado *m.* market, marketplace
mercar to buy, purchase
merendarse to eat a light meal; to lunch
mesada *f.* monthly pay, rent
metálico *m.* hard cash
metraje *m.* meterage; **película de corto** — short film
miedo *m.* fear
miel *f.* honey
miembro *m.* member
mientras while
mil thousand
milenario ancient
millonario *m.* millionaire
miserable miserable
miseria *f.* poverty, destitution
mitad *f.* half
modelo *m.* model
moderar to moderate; to regulate
moderno modern
modo *m.* way, manner
momento *m.* moment, instant
monedita *f.* coin
montañoso mountainous
monte *m.* sum of money; mount
moraleja *f.* moral
morar to live, dwell
moro *m.* Moor
moverse (ue) to move, stir
mozo *m.* young man, lad
mudanza *f.* inconstancy, fickleness
mudez *f.* dumbness, silence
mudo *m.* mute
muebles *m. pl.* furniture
muela *f.* grindstone
mujer *f.* wife, woman
mundo *m.* world
muro *m.* wall; rampart

nacional national
nada nothing, not anything
nadie nobody, no one
naranja *f.* orange
narrador *m.* narrator, storyteller
naturalmente naturally, of course
navegación *f.* navigation; sea voyage
Navidad *f.* Christmas
necesario necessary
necesidad *f.* necessity, need
necesitar to need
necio foolish, stupid
negocio *m.* business deal; *pl.* business
negro black
negrura *f.* blackness
nervio *m.* nerve
nicotina *f.* nicotine
ninguno no, none, not any
niña *f.* little girl
niñera *f.* governess, child's nurse
niñez *f.* childhood
niño *m.* child, little boy; *pl.* children
nocturnal nocturnal, night
noche *f.* night, evening
nombre *m.* name
noroeste northwest
notar to note, notice, observe
novela *f.* novel
novelista *m.* novelist
nube *f.* cloud
nuca *f.* nape or scruff of the neck
nueva *f.* news
nuevamente again; recently, newly
nuevo new; **de** — again
número *m.* number
nunca never

obligación *f.* obligation
obligar to oblige, force
obra *f.* work
observar to observe, watch
obsesión *f.* obsession
obstante: no — not withstanding, nevertheless
obtener to obtain
océano *m.* ocean
ocultar to hide, conceal
ocurrir to occur, happen
ochenta eighty

ofender to offend
oficio *m.* occupation, trade, work
ofrecer to offer
oído *m.* ear
oír to hear
ojo *m.* eye
ola *f.* wave
oler (ue) to smell; — **a** to smell of or like
olor *m.* smell, odor, fragrance
oloroso fragrant, smelling
olvidar to forget
operación *f.* operation, transaction, venture
oportunidad *f.* opportunity
órbita *f.* orbit
orden *f.* order, command; *m.* order, class
orgullo *m.* pride
origen *m.* origin
oro *m.* gold
ortiga *f.* nettle
orto *m.* the rise (of moon, etc.)
oscuro dark, obscure
ostensible ostensible, apparent
ostentar to make a show of, exhibit
otro other, another

pacífico peaceful, gentle, mild
padre *m.* father; *pl.* parents
pagar to pay
país *m.* country
paisaje *m.* landscape
pájaro *m.* bird
pajecito *m.* type of small fish
pala *f.* shovel, wooden mallet
palabra *f.* word
palacio *m.* palace, castle
pálido pale
palma *f.* palm of the hand
pan *m.* bread
pánico *m.* panic
pantalla *f.* motion picture screen
paño *m.* cloth, fabric
papagayo *m.* parrot
papel *m.* paper
para for, to, in order to
parado unemployed
pardo dark-colored, brown

parecer to seem, appear; **—se a** to look like, resemble
parecido like, similar, resembling
pared *f.* wall
paria *m.* pariah, outcast
párpado *m.* eyelid
parsimoniosamente parsimoniously
parte *f.* part
participación *f.* participation, share
partida *f.* money staked
partir to leave, depart; to divide, split
pasar to pass, undergo, endure
pascua *f.* holiday
paseante *m.* passerby, stroller
pasear to stroll, take a walk
paso *m.* step, way, passage
pasto *m.* pasture, grassland
pastor *m.* shepherd
patata *f.* potato
pavor *m.* fear, dread, terror
payaso *m.* clown
paz *f.* peace
pecador *m.* sinner
pecho *m.* chest
pedir (i) to ask for, order
pegar to stick, cling; to hit, strike
pelaje *m.* color of hair
pelandrín *m. dialectic for* **pelantrín** petty farmer
pelea *f.* fight
pelechar to make ends meet; to improve one's fortune
película *f.* film, motion picture, movie
pelo *m.* hair
pellejo *m.* skin
pender to hang, dangle
penetrar to penetrate
penitente penitent, humble
penoso painful, embarrassing
pensador *m.* thinker
pensamiento *m.* thought
pensar (ie) to think; — + *inf.* to intend + *inf.*
pensativo pensive, thoughtful
pepita *f.* nugget
pequeño little, small

perder (ie) to lose, ruin
perdón *m.* pardon, forgiveness
perdonar to pardon, forgive
perecer to die, perish
perezoso lazy
periódico *m.* newspaper
permanecer to remain, stay
permiso *m.* permission
permitir to permit
perplejo complex, confused
perro *m.* dog
persistente persistent
persona *f.* person
personaje *m.* personage, character
pesado heavy
pesar to weigh, cause sorrow; **a —
de** in spite of
pescado *m.* fish
pescador *m.* fisherman
peseta *f.* peseta (monetary unit of Spain)
pestaña *f.* eyelash
pez *m.* fish
picaresco picaresque
pícaro roguish, crafty; *m.* rogue, knave, rascal
pico *m.* beak, bill of a bird
picotazo *m.* stroke of the beak
picotear to strike with the beak
pie *m.* foot; **ponerse de — to** stand up
piedra *f.* stone
pillar to catch, grasp
pintor *m.* painter
pintoresco picturesque
piso *m.* floor
pistola *f.* pistol
pitillo *m.* cigarette
placer *m.* pleasure
plano *m.* plane; shot of a photograph; **en gran —** enlarged
plata *f.* silver, money
playa *f.* beach
pleito *m.* lawsuit; pact
pobre poor
poco little; *pl.* few, some
podenco *m.* type of hound
poder (ue) to be able
poderoso powerful, mighty
poesía *f.* poetry

poeta *m.* poet
político political; *m.* politician
pollo *m.* chicken
ponderar to weigh, ponder, consider
poner to put, place; **—se** to put on, to set (sun); **—se de pie** to stand up
por by, because of, for, through; **— favor** please
porque because
portal *m.* entrance, vestibule
portarse to behave, act
porte *m.* manner, conduct
portentoso amazing, extraordinary
poseer to possess, own
posibilidad *f.* possibility
pozo *m.* well
prado *m.* meadow, field
precio *m.* price
preguntar to ask, question
premiar to reward, remunerate
premio *m.* prize, reward
prender to seize, apprehend
prendero *m.* secondhand dealer
prendido hanging
prensa *f.* press
preocupado concerned, worried
presa *f.* prey, catch, spoils
presencia *f.* presence
presentar to present, introduce
presente present
presidio *m.* penitentiary
preso *m.* prisoner
prestar to lend; **— atención** to pay attention; *m.* quality
presteza *f.* quickness, haste, agility
presumido conceited, vain
previo previous, foregoing
primavera *f.* spring
primero first
principio *m.* beginning, principle; **al —** at first
prisión *f.* prison
prisionero *m.* prisoner
privación *f.* privation, lack
proceder to proceed, go on
proceso *m.* legal proceedings, criminal case; **sin —** without due process

VOCABULARIO • 83

producción *f.* production
producto *m.* product
proferir (ie) to utter, express
profundidad *f.* profundity, depth
profundo profound, deep
prolongar to prolong, extend
prometer to promise
pronto soon, quickly; **de —** suddenly
propaganda *f.* propaganda, advertising
propiedad *f.* property, quality, nature
propio one's own, suitable
proponer to propose
prosperar to prosper
próspero prosperous
protector *m.* protector, guardian
protestar to protest
provecho *m.* profit, advantage, benefit
provincia *f.* province
proyecto *m.* project, plan
prudente prudent, wise
prueba *f.* proof
publicar to publish
publicitaria *f.* advertising, publicity
público *m.* public
pueblo *m.* town
puerta *f.* door
pues then, for
puesto *m.* vendor's stand
pulmonía *f.* pneumonia
puntiagudo sharp-pointed
punto *m.* point, period; **a — de** on the point of; **al —** immediately, at once
puñado *m.* fistful
puñal *m.* dagger
puño *m.* fist
pupila *f.* pupil of eye
puro pure; **de —** extremely

quebrar (ie) to break
quedar to stay, remain; to be left (in a state or condition)
quedo softly, in a low voice
quehacer *m.* occupation, work; chore
queja *f.* complaint
quemar to burn
querer (ie) to wish, want
quien, quién who
quieto quiet, still
quitar to remove, take away

rabioso enraged, furious
radiante radiant, brilliant
radioso radiant, shining
ráfaga *f.* gust of wind
ramaje *m.* mass of branches
rana *f.* frog
rápido rapid, swift
raro rare, odd
rascar to scratch
rato *m.* while, short time
raza *f.* race, breed; **de —** purebred
razón *f.* reason
razonable reasonable
reaccionar to react
realizador *m.* motion picture producer
realmente really, actually
reaparecer to reappear
rebaño *m.* flock, herd
recibir to receive
recién recently, just, newly
recio strong
recodo *m.* turn, bend, angle
recoger to pick, gather, capture
recomendar (ie) to recommend, commend
reconocer to recognize
recordar (ue) to remember
recorrer to go over, travel over
recriminar to recriminate
recuerdo *m.* memory
recurso *m.* recourse, resource, resort
redondo round
redundar to result
referir (ie) to refer
reflejar to reflect
refrán *m.* proverb, saying
regalar to give, present as a gift
régimen *m.* regime, government, rule
regresar to return

reina *f.* queen
reinar to reign, rule
reino *m.* kingdom, reign
reír to laugh
relámpago *m.* lightning
relativamente relatively
relato *m.* story
religioso religious; *m.* monk
rematar to complete, finish; to auction
remirar to look at again
rendir (i) to surrender, yield
renunciamiento *m.* renunciation, resignation
reñir (i) to scold, quarrel
reo *m.* criminal
reparar to repair; to observe, notice
repartidor *m.* distributor, delivery boy
repetir (i) to repeat
replicar to reply, retort
reponer to reply, answer; to replace
representar to represent, show
reprimir to repress, check
reproducción *f.* reproduction
resignar to resign
resistir to resist, offer resistance
resolución *f.* resolution, solution
resolver (ue) to solve, decide
respetar to respect, revere
respeto *m* respect
resplandor *m.* light, radiance, glare
responder to respond, answer
restaurante *m.* restaurant
resto *m.* remainder, rest; *pl.* remains
resultado *m.* result
retorcido twisted
retratar to portray, paint a portrait of
retratista *m.* portrait painter
retroceder to go back, retreat
reunir to unite, gather; —se to meet, get together
revelado *m.* developing of photographs
revelar to reveal, show; to develop film
reverencia *f.* reverence, bow

revista *f.* magazine
revuelto disorderly, turned upside down
rey *m.* king
rielar to glisten, shine
rígido stiff, rigid
rigor *m.* rigor; **en —** in fact, strictly speaking
rimar to rhyme
rincón *m.* corner, remote place
río *m.* river
risa *f.* laugh, laughter
robar to rob, steal
rodear to surround, encircle
rodilla *f.* knee
romper to break, tear; to defeat
rondar to patrol, hover about
ropa *f.* clothes
rosa rose-colored; *f.* rose
rostro *m.* face
roto torn, ragged, broken
rozar to border on, graze
rubio blond
rucio *m.* donkey
rudo rude, uncouth
rueda *f.* wheel
rugir to roar
ruido *m.* noise
ruindad *f.* baseness, meanness

saber to know
sabidor *m.* scholar, learned or wise person
sabroso delicious, tasty
sacar to take out, get
saciar to satisfy
sacudir to shake
sal *f.* salt
salida *f.* exit; departure
salir to leave, depart, go out
salón *m.* living room; motion picture theater
saltar to jump, leap
salto *m.* leap, jump
salud *f.* health
saludar to greet
salvado *m.* bran
salvaje savage, wild
salvar to save
sangrar to bleed

sangre *f.* blood
sarcástico sarcastic
Satanás *m.* Satan
secreto *m.* secret
sed *f.* thirst
seguir (i) to continue, follow
según according to, as
segundo second
seguramente surely
seguro certain, sure
selección *f.* selection
selva *f.* jungle
semana *f.* week
semejanza *f.* similarity, resemblance
sencillo simple
sensación *f.* sensation, feeling
sensible sensitive
sentar (ie) to seat; —**se** to sit down
sentido *m.* feeling
sentir (ie) to feel, regret
señalar to mark, point out
señor *m.* mister, master, sir
señora *f.* lady, madam, wife
separar to separate, set aside
ser to be; *m.* being, existence
sereno serene, calm
serie *f.* series
serio serious
servicial obliging, accommodating, kind
servil servile, slavish
servir (i) to serve
sesenta sixty
seudónimo *m.* pseudonym, pen name
si if
sideral sidereal
siempre always; **para** — forever; — **que** whenever
siglo *m.* century
signo *m.* sign, mark
siguiente following
silbar to whistle
silencio *m.* silence, quiet
silencioso silent, quiet
simplicidad *f.* simplicity
simultanear to accomplish or carry out simultaneously

sin without
sincero sincere
siquiera at least, though; **ni** — not even
sirviente *m.* servant
situación *f.* situation, position
sobre on, upon, over; *m.* envelope
sobredorado gilt
socorrido useful, handy; furnished, well-supplied
socorro *m.* help, assistance
sol *m.* sun
soldado *m.* soldier
soledad *f.* solitude, loneliness
soler (ue) to have the custom of, be in the habit of
solicitar to solicit, apply for
solicitud *f.* solicitude
solo alone, lonely
sólo only
soltero single, unmarried; *m.* bachelor
sollozante sobbing
sombra *f.* shadow, shade
sombrero *m.* hat
son *m.* sound, noise
sonar (ue) to sound, ring
sonoro sonorous, loud, resonant
sonreír to smile
sonrisa *f.* smile
sonrosado rosy
soñar (ue) to dream
sorprender to surprise
sorpresa *f.* surprise
sorteo *m.* drawing (of lottery)
sosegado calm, quiet, peaceful
subir to go up, climb; to get into
substancia *f.* substance
subterfugio *m.* subterfuge
suceder to happen
sucio dirty
sudor *m.* sweat, perspiration
suela *f.* sole, leather for soles
suelo *m.* floor, ground
sueño *m.* dream, sleep
suerte *f.* luck, fortune, fate
suficiente sufficient
sufrir to suffer, endure
sugestionado influenced by hypnotic power

suicidio *m.* suicide
sujetar to subject, grasp, hold fast
sumido sunk, submerged
suministrar to supply, provide, afford
sumisión *f.* submission
sumiso submissive, humble, meek
superior superior, higher, upper
supremo supreme, final, last
susto *m.* fright, scare
sutil subtle, cunning
suyo his, of his; her, of hers; its; your, of yours; their, of theirs

tabaco *m.* tobacco
tal such, so, as; — **vez** perhaps; *m.* one, certain one
talento *m.* talent
tamarindo *m.* tamarind (tropical tree)
también also, too
tampoco neither, not either
tan so, as, such a
tanto so much, so
tarde late; *f.* afternoon
tarugo *m.* wooden peg
teatral theatrical
techo *m.* ceiling, roof
telegrama *m.* telegram
temblar (ie) to tremble, shake
temer to fear
temor *m.* fear, dread
templado mild, temperate, moderate
tenazota *f.* huge claw
tendajo *m.* little store or shop
tender (ie) to stretch out, hold out
tendido stretched out, lying down
teniente *m.* lieutenant
tenebroso shadowy, gloomy, dark
tener to have; — **lugar** to take place; — **suerte** to be lucky; —**se** to stop
tentar (ie) to examine, touch, feel with the fingers
terminar to end, finish
ternero *m.* calf
terrible terrible
terso terse, smooth, glossy
tez *f.* complexion of the face

tiempo *m.* time; **a —** on time
tienda *f.* store, shop
tierno tender
tierra *f.* land, earth
tino *m.* steady and accurate aim; moderation
tirar to throw, shoot
tirón *m.* tug, pull
titular to entitle, name, call
título *m.* title
tiznado smudged
tocar to touch, play
todavía still, yet, even
todo all, every
tomar to take
tomavistas *m.* motion picture camera
topar to run into, run across
torcido twisted, bent
tornasol iridescent
torno: en — round about
torpe slow, dullard
torrente *m.* torrent, waterfall
trabajador industrious, working
trabajar to work
trabajo *m.* work
traducir to translate
traer to bring
tragedia *f.* tragedy
traída *f.* bringing, conveying
trámite *m.* legal proceeding
tranquilo quiet, peaceful
transcurrir to pass, elapse
trapero *m.* ragpicker, rag dealer
tras behind, after
trasatlántico *m.* transatlantic ocean liner
trasto *m.* piece of furniture, household utensil; *pl.* odds and ends
tratamiento *m.* treatment
tratar to treat; — **de** + *inf.* to try to
trato *m.* deal, transaction, treatment
través: a — de through, across
trayectoria *f.* trajectory, path
trecho *m.* distance, space
treinta thirty
tren *m.* train
trepar to clamber, climb

triste sad, gloomy
tronar (ue) to thunder; to fail in business
tronco *m.* tree trunk
trozo *m.* piece, fragment, part
truco *m.* trick
trueno *m.* thunder
tumbado lying down, lying flat
tumbar to lie down, throw down
turbado uneasy, disturbed
turbio misty, muddy

ufano proud, conceited
último last, final
único only, sole, unique
unir to unite, join
utensilio *m.* utensil, implement, tool; *pl.* equipment
útil useful
utilizar to utilize, use

vaca *f.* cow
vacío empty
vagar to roam, wander
vago vague, roving, wandering
valer to cost, be worth
valiente brave
valor *m.* value, worth
vano vain, empty
variar to vary, change, differ
vario varied, various; *pl.* several
varón *m.* man, male
vaso *m.* glass
vecindad *f.* neighborhood
vecino *m.* neighbor
vedar to prohibit, impede
vejado vexed, teased
veloz swift, fast
vencer to defeat, conquer
vender to sell
venir to come
ventana *f.* window

venturoso lucky, successful, prosperous
ver to see
verano *m.* summer
verdad *f.* truth
verde green
verdoso greenish
verso *m.* verse
vestir (i) to dress, put on, wear
vez *f.* time; **tal —** perhaps; **a veces** at times, sometimes; **a la —** at the same time
viaje *m.* trip, journey
vianda *f.* food, meal
vida *f.* life
viejo old
viento *m.* wind
vigésimo twentieth; *m.* lottery ticket
vino *m.* wine
viña *f.* vineyard
violento violent
visión *f.* vision, sight, view, dream
vitalidad *f.* vitality
vivir to live
vocación *f.* vocation, occupation
volar (ue) to fly
voluta *f.* spiral
volver (ue) to return; **— a +** *inf.* to ... again
vos you (archaic form of **vosotros**)
voz *f.* voice, rumor
vuelo *m.* flight, flutter
vuelta *f.* turn, return; facing of a garment

ya already

zaherir (ie) to censure, reproach, upbraid
zapatero *m.* shoemaker
zapato *m.* shoe
zarandear to move to and fro